はじめよう
実験心理学

MATLABと
Psychtoolboxを使って

実吉綾子　前原吾朗

勁草書房

序　文

　本書を書くにあたって一番懸念したことは、出版される頃には内容が時代遅れになってしまうのではないかという点だ。実際、心理学実験プログラミングの環境はめまぐるしく変化しており、数年前に使用していたアプリケーションや装置が、新しいコンピュータでは動作しないということが頻繁に起こる。

　そのような懸念にも関わらず筆者に執筆を動機づけた理由のひとつは Psychtoolbox の歴史にある。Psychtoolbox とは MathWorks 社の数値計算言語 MATLAB® で動作する心理学実験用関数のセットであるが、その誕生は1990年代に心理学者 Denis Pelli によって開発された VideoToolbox にまでさかのぼることができる。つまり四半世紀の歴史を持つ技術なわけだ。VideoToolbox は Macintosh の C 言語関数セットで、優れた関数をいくつも持っていたが、MacOS X 以後の環境には対応していないために現在ではほとんど使われていない。しかし、David Brainard と Mario Kleiner が開発を引き継ぎ、最新の Windows や Macintosh でも動作する Psychtoolbox 3 に至っている。

　心理学実験プログラミングにおいて最も多く使われている関数セットは Psychtoolbox であると言われている。また、世代の異なる複数の心理学者が関わっていることから、今後も開発が続けられることが期待できる。こうした理由から、少なくともあと20年くらいは Psychtoolbox でやっていけるだろうと考え、本書を執筆した次第である。

　もうひとつの執筆理由は極めて趣味的なものだ。筆者は、自身のようなアマチュアのプログラマーがプログラミングを楽しむにあたって、心理学実験というのはちょうどよい課題だと考えている。複雑なビジネスソフトやゲームを作るのではない。画面に単純な絵を出して、キーボードから反応を取得し、それ

序　文

をファイルに保存したいだけなんだ。ちょっとしたパズルだ。この娯楽としてのプログラミング経験を読者に共有してもらいたいという思いが本書の大きな動機づけになっている。プログラミングは楽しいなと思う瞬間が読者にも訪れれば、筆者としてとてもうれしい。

本書には多くのプログラムが記載されているが、これらは勁草書房の本書のウェブサイトからダウンロードできる。勁草書房のウェブサイトで「はじめよう実験心理学」で検索すれば見つかるはずだ。以下の URL を直接ブラウザに入力してもよい。

http://www.keisoshobo.co.jp/book/b201464.html
http://www.keisoshobo.co.jp/files/9784326251063/program.zip

ダウンロードできるようにしてはいるのだが、筆者としては読者が自分でプログラムを入力することをおすすめする。自分でプログラムを読んで書くことは効果的なプログラミング勉強法であるからだ。最初は自分で本を見ながら打ち込み、試行錯誤の後、それでも動作しないときに完成したプログラムをダウンロードするとよいだろう。ダウンロードしたファイルは圧縮されているので、MATLAB フォルダに展開しよう。MATLAB フォルダは、Windows の場合には「ドキュメント」フォルダの中に、MacOS の場合は/Users/（ユーザーの名前）/Documents に置かれている。

謝辞をいくつか述べておきたい。常に筆者を支え、またリラックスさせてくれる家族に感謝する。家族のサポートなしには、本書の執筆をやりとげることはできなかった。また、編集のプロフェッショナルとして多くのコメントをくれた勁草書房の永田悠一氏に感謝する。彼のおかげで、筆者の文章はとても改善されたと思う。最後に、筆者に初めてプログラミングを教えてくれた上智大学の道又爾教授に感謝する。

MATLAB® は、The MathWorks Inc. の登録商標です。
Psychtoolbox は、MIT License の下で作成されたプログラムです。

目　次

序　文 ... i

第 1 章　**Psychtoolbox** を使おう　　3
1.1　Psychtoolbox とは ... 3
1.2　Psychtoolbox を利用するための要件 ... 4
1.3　Psychtoolbox のインストール ... 11
1.4　Octave について ... 15
1.5　MATLAB の基本的な使い方 ... 18
1.6　次は？ ... 25

第 2 章　プログラミングの基礎　　27
2.1　関数 ... 27
2.2　変数 ... 28
2.3　配列変数 ... 29
2.4　配列演算と行列演算 ... 31
2.5　自分で関数を作る ... 32
2.6　while を使ったループ ... 36
2.7　for を使ったループ ... 38
2.8　if による選択 ... 39
2.9　テキストファイルの保存 ... 41
2.10　次は？ ... 43
　　　コラム 1　スペースはどこに必要なのか？ ... 44

目次

第3章 刺激の作成と保存　45
- 3.1 画像の読み込みと表示　45
- 3.2 Psychtoolbox を使用した画像の表示　48
- 3.3 線画の作成と保存　51
- 3.4 その他の描画関数　56
- 3.5 サイン波グレーティングの作成　57
- 3.6 次は？　61
- コラム2　ビックリマーク！　62
- コラム3　ディスプレイとの同期　63

第4章 刺激の提示と反応時間の取得　65
- 4.1 心理学における実験とは？　65
- 4.2 ネッカーキューブの実験：刺激提示と反応時間の測定　71
- 4.3 待機画面を設け、注視点を提示する　77
- 4.4 チェンジブラインドネスの実験：刺激を切り替えながら反応時間を取得する　88
- 4.5 次は？　95
- コラム4　ボイストリガーのプログラム　95

第5章 実験プログラムを作る：視覚探索　101
- 5.1 視覚探索課題とは何か　101
- 5.2 ポップアウト現象　101
- 5.3 実験計画を立てる　104
- 5.4 刺激の準備　107
- 5.5 視覚探索の実験　108
- 5.6 次は？　129
- コラム5　疑似ランダム　130

第6章 実験プログラムを作る：閾値の測定　133
- 6.1 コントラスト弁別課題のための刺激提示　133

         目次

6.2 試行の繰り返し 136
6.3 反応の取得と記録 140
6.4 ガンマ補正 145
6.5 正答率データの分析 153
6.6 次は？ 159

第7章 これから先は？ 161
7.1 デモプログラムを参考にしよう 161
7.2 関数リファレンスとサポートフォーラム 162
7.3 心理測定関数の当てはめ 165
7.4 CRTと液晶ディスプレイ 167
7.5 輝度解像度の向上 168
7.6 さあ、やってみよう 169

付録 関数一覧 171

引用文献 185

はじめよう実験心理学

MATLAB と Psychtoolbox を使って

第 1 章 Psychtoolbox を使おう

1.1 Psychtoolbox とは

　コンピュータが開発される以前、心理学実験には手作りのアナログな装置が用いられていた。例えば、素早く開閉するシャッターとプロジェクタを組み合わせることで、ごく短い時間だけ刺激を見せること（瞬間提示）ができる。こうした装置は巧妙に設計されていて興味深いけれども、刺激の交換などは手作業で行う必要があり、実験実施には非常に手間と時間がかかった。しかし、それはもう過去の話で、コンピュータが普及した現代では心理学実験の大部分は自動化され、ずっと効率のよいデータ取得が可能になった。今日、視覚刺激や聴覚刺激を提示するほぼすべての実験が、コンピュータを用いているといって過言ではない。では、コンピュータを用いてどのように実験を行うのだろうか。複雑な刺激を瞬時に生成したり、刺激をミリ秒単位で提示したり、反応を取得したりするのにコンピュータに何をさせればよいのか。

　2007 年の ECVP（European Conference of Visual Perception：ヨーロッパ視覚学会）において、Psychtoolbox 開発者の 1 人の Mario Kleiner は、Psychtoolbox 開発の動機として中間レベルの実験開発環境の必要性をあげている。

　まず、認知科学や心理学の実験を行おうとする場合、コンピュータのかなり低いレベル（ハードウェアに近いところ）に命令をする方法がある。この方法は厳密に統制された刺激を自在に提示したり、精度よく時間制御を行ったりすることができる。しかし、ビデオカード等のハードウェアに関する知識が必要なため習得が難しいという問題がある。一方で、認知科学や心理学の実験に特化して開発されたソフトウェアがある。このようなソフトウェアは、紙

芝居のように画像を選択して提示時間を入力するだけで、非常に簡単に実験を行うことができる。しかし決まったことしかできなかったり、刺激提示のくりかえしなどに融通が利かなかったりする。そこで産まれたのが Psychtoolbox だ。Psychtoolbox は、習得が簡単で柔軟性のあるプログラミング環境である MATLAB を、心理学の実験で用いられるように拡張するものだと Kleiner は述べている。刺激の提示や反応の取得などが簡単にできるような関数もたくさん用意されているので、初学者でも短時間で刺激を提示して反応時間を精度よく測定可能だ。

このように Psychtoolbox はできるだけ簡単にわかりやすく、しかし厳密かつ正確に心理学の実験を行うために開発されたものである。プログラミングがはじめてという人でも、学術雑誌に論文を載せられる精度で反応時間を測定したり正確に刺激を提示したりすることができる。Psychtoolbox のウェブサイトによれば、Psychtoolbox は世界中の実験心理学、認知科学の研究室で用いられており、2014 年 7 月 24 日現在で、52620 回新規にインストールされている。さらに Google Scholar によれば 3879 報の論文で紹介されている。

Psychtoolbox は Apple MacOS/X、Microsoft Windows、Linux といった多くのプラットフォームにインストールされた MATLAB 上で用いることが可能だ。また、MATLAB だけではなく GNU/Octave 上でも用いることができる。

本章では、MacOS と Windows で Psychtoolbox を使うときのシステム要件と、簡単なインストール方法を紹介する。

1.2 Psychtoolbox を利用するための要件

Psychtoolbox のウェブサイトでは GNU Linux での利用が勧められているが、この本の読者の多く（まだ実験プログラミングになじみのない心理学科の学部生、院生を想定している）は Windows か MacOS を利用しているのではないだろうか。そこで本書では、Windows や MacOS でプログラミングすることを前提として話を進めて行く。読者がプログラミングに習熟した後、刺激の同期など、シビアな時間制御を求められることがあれば、Linux の導入を考えてもよいだろう。

1.2 Psychtoolbox を利用するための要件

ビデオカード

　ハードウェア面で最も頻繁に問題となるのは、ビデオカードだ。プログラム実行時に何か警告が出たなら、ビデオカードの性能が不足していることが多い。AMD 社か NVidia 社の製品で、OpenGL 3 以上が動作するものを選ぼう。ただし、NVidia Optimus 技術を使用したラップトップパソコンでは正常に動作しないので、そうした製品は避ける必要がある。

　具体的にどのようなビデオカードが推奨されるかについては Psychtoolbox のウェブページ、System Requirements に記載があるので確認しておこう。

　複数のディスプレイを接続して実験を行う場合は、ビデオカードを複数用意するのではなく、複数の出力端子をもつビデオカードを利用するのが勧められている。また、両眼立体視のためにデュアルディスプレイを用いる場合には、精度の信頼性が保たれないので Windows や MacOS ではなく Linux を用いることが推奨されている。実験経過を確認するために複数のディスプレイを使うのであれば、このあたりは問題にならないので大丈夫だ。

MATLAB

　ソフトウェアでは、64 ビット版の MATLAB が必要となる。そのため、OS も 64 ビット版でなくてはならない。32 ビット版の場合、古いバージョンの Psychtoolbox しかインストールできない。

　なお、本来 MATLAB は高価なソフトウェアであるが、学生版（MATLAB Student）が存在する。ソフトウェアの内容はまったく同じで、価格は非常に安い（2015 年 4 月現在では 5000 円未満）。読者が大学等に所属する学生で、自分の所有するコンピュータにインストールする場合に使用することができるので、該当する場合には購入を検討してほしい。

Subversion

　また、Subversion というフリーウェアをバージョン管理のためにインストールする必要がある。2014 年現在、次のサイトからダウンロードしてインストールできるので、それぞれの環境（OS のバージョンなど）にあわせてインストールしよう。インストール後、再起動が必要な場合もある。

第 1 章　Psychtoolbox を使おう

Windows: http://www.sliksvn.com/en/download

なお、Macintosh の場合、MacOSX10.5 から 10.7 には最初から Subversion がインストールされている。また MacOSX10.8 以降では Xcode（の Command Line Tools）をインストールすればついてくる。OSX10.4 以前の場合には MacPort などのパッケージ管理ソフトを導入して Subversion をインストールする方法がある。

GStreamer

必須ではないが、表示画像の保存などに必要となるので GStreamer もインストールしておいた方がよい。以下のサイトから最新のものをダウンロードしよう。

Windows: http://gstreamer.freedesktop.org/data/pkg/windows/
Macintosh: http://gstreamer.freedesktop.org/data/pkg/osx/

2015 年 3 月の時点では、最新バージョンは 1.4.5 である（図 1.1）。その数字をクリックするとファイルがいくつも表示されるが、必要となるのは以下のファイルだ（図 1.2, 図 1.3 参照）。

Windows: gstreamer-1.0-x86_64-1.4.5.msi
Macintosh: gstreamer-1.0-1.4.5-universal.pkg

他にも、Windows と Macintosh それぞれで注意が必要なことがあるので説明していこう。

その他：Windows

最初に結論を述べておくと、読者がプログラミングの練習をするにあたっては、Windows のバージョンについては厳密に考えなくてもよい。本書に記載されているプログラムは、多少の警告は表示されるかもしれないが、Windows

1.2 Psychtoolbox を利用するための要件

Name	Last modified	Size	Description
Parent Directory		-	
1.0.7/	10-Jun-2013 10:56	-	
1.0.8/	13-Jul-2013 14:28	-	
1.0.9/	31-Jul-2013 04:26	-	
1.0.10/	29-Aug-2013 08:02	-	
1.2.0/	25-Sep-2013 03:28	-	
1.2.1/	10-Nov-2013 03:00	-	
1.2.2/	23-Apr-2014 06:43	-	
1.2.3/	09-Feb-2014 06:08	-	
1.2.4.1/	25-Apr-2014 11:22	-	
1.2.4/	19-Apr-2014 23:33	-	
1.3.90/	29-Jun-2014 03:04	-	
1.3.91/	12-Jul-2014 08:28	-	
1.4.0/	20-Jul-2014 23:46	-	
1.4.1/	28-Aug-2014 03:57	-	
1.4.3/	29-Sep-2014 00:53	-	
1.4.4/	09-Nov-2014 23:44	-	
1.4.5/	20-Dec-2014 06:37	-	

← クリック

図 1.1: Gstreamer のダウンロード

XP 以後であればおそらく動作する。ただし、研究目的の実験を行う場合、留意すべき点がいくつかある。

Psychtoolbox は Windows XP、Windows Vista、Windows 7、Windows 8 で動作するとされている。ただし、Psychtoolbox の動作がテストされているのは Windows 7 までだ。Windows XP は Microsoft のサポートが終了しているので、実質的には Windows Vista か Windows 7 を使用するのが望ましい。

少し込み入った理由があり、Windows 8 の使用は避けた方がよい。近年の

7

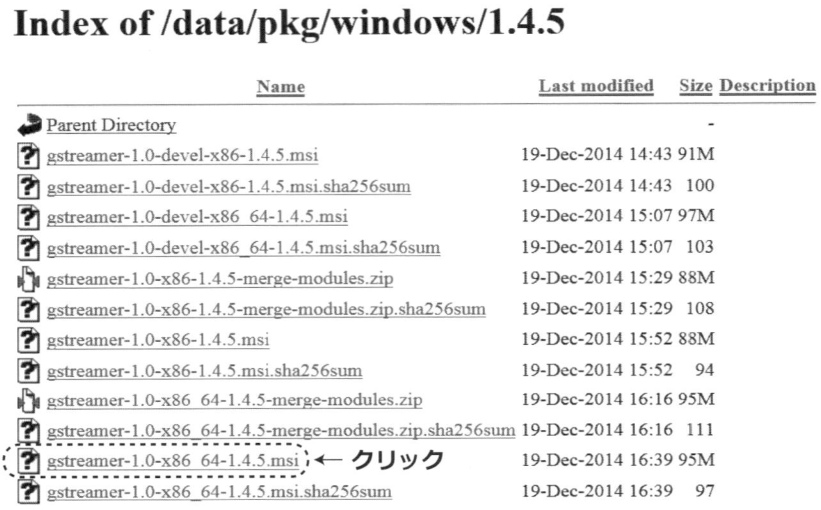

第1章 Psychtoolbox を使おう

Index of /data/pkg/windows/1.4.5

Name	Last modified	Size	Description
Parent Directory		-	
gstreamer-1.0-devel-x86-1.4.5.msi	19-Dec-2014 14:43	91M	
gstreamer-1.0-devel-x86-1.4.5.msi.sha256sum	19-Dec-2014 14:43	100	
gstreamer-1.0-devel-x86_64-1.4.5.msi	19-Dec-2014 15:07	97M	
gstreamer-1.0-devel-x86_64-1.4.5.msi.sha256sum	19-Dec-2014 15:07	103	
gstreamer-1.0-x86-1.4.5-merge-modules.zip	19-Dec-2014 15:29	88M	
gstreamer-1.0-x86-1.4.5-merge-modules.zip.sha256sum	19-Dec-2014 15:29	108	
gstreamer-1.0-x86-1.4.5.msi	19-Dec-2014 15:52	88M	
gstreamer-1.0-x86-1.4.5.msi.sha256sum	19-Dec-2014 15:52	94	
gstreamer-1.0-x86_64-1.4.5-merge-modules.zip	19-Dec-2014 16:16	95M	
gstreamer-1.0-x86_64-1.4.5-merge-modules.zip.sha256sum	19-Dec-2014 16:16	111	
gstreamer-1.0-x86_64-1.4.5.msi ← クリック	19-Dec-2014 16:39	95M	
gstreamer-1.0-x86_64-1.4.5.msi.sha256sum	19-Dec-2014 16:39	97	

図 1.2: Gstreamer のダウンロード Windows

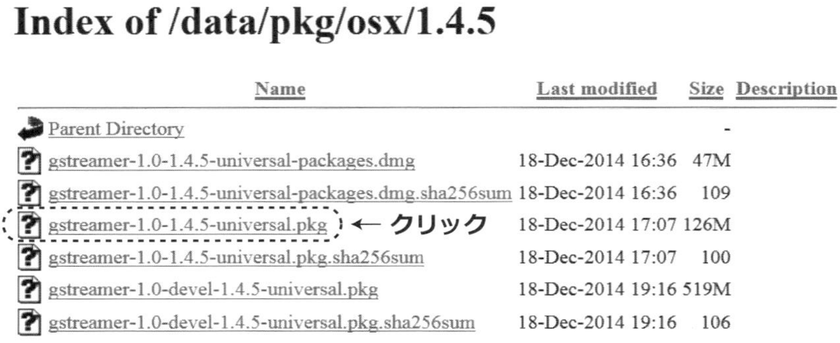

Index of /data/pkg/osx/1.4.5

Name	Last modified	Size	Description
Parent Directory		-	
gstreamer-1.0-1.4.5-universal-packages.dmg	18-Dec-2014 16:36	47M	
gstreamer-1.0-1.4.5-universal-packages.dmg.sha256sum	18-Dec-2014 16:36	109	
gstreamer-1.0-1.4.5-universal.pkg ← クリック	18-Dec-2014 17:07	126M	
gstreamer-1.0-1.4.5-universal.pkg.sha256sum	18-Dec-2014 17:07	100	
gstreamer-1.0-devel-1.4.5-universal.pkg	18-Dec-2014 19:16	519M	
gstreamer-1.0-devel-1.4.5-universal.pkg.sha256sum	18-Dec-2014 19:16	106	

図 1.3: Gstreamer のダウンロード MacOS

1.2 Psychtoolbox を利用するための要件

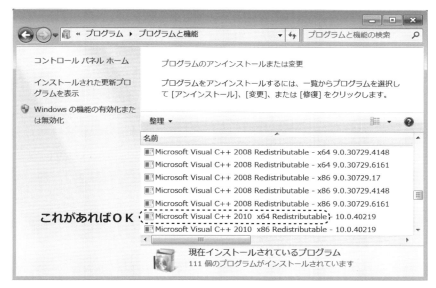

図 1.4: Microsoft Visual C++2010 ランタイムライブラリの確認

　Windows では Desktop Window Manager というシステムが動いているのだが、これが Psychtoolbox の動作に干渉する。Windows 7 までは Desktop Window Manager を無効にすることができるのだが、Windows 8 ではできない。そのため、Windows 8 では予期せぬ問題が生じる可能性がある。

　Windows で Psychtoolbox を動作させるには、Microsoft Visual C++ 2010 のランタイムライブラリがインストールされている必要がある。コントロールパネルから「プログラムと機能」を選ぶと表示されるウィンドウに「Microsoft Visual C++ x64 Redistributable」が表示されていれば問題ない（図 1.4）。上記がないのであれば、マイクロソフトのウェブサイトから「Microsoft Visual C++ 2010 SP1 再頒布可能パッケージ（x64）」をダウンロードし、インストールしておこう。

　　http://www.microsoft.com/ja-jp/download/details.aspx?id=13523

第 1 章　Psychtoolbox を使おう

URL は変更される可能性がある。Google で検索してもよいだろう。

その他：MacOS

　MacOS の場合も、プログラミングの練習が目的であるならば、それほどバージョンを気にしなくてもよい。ただし最新の Psychtoolbox は OS10.7 以前の OS には対応していない。古いバージョンの Psychtoolbox を使うことでプログラムが動くこともあるが、なるべく新しい OS と最新のバージョンの Psychtoolbox を使うことが推奨されている。また OS10.4（Tiger）と OS10.6（Snow-Leopard）であれば、Psychtoolbox を使って実験するのにそれほど問題がないが、OS10.5 の Leopord と OS10.7 の Lion 以降の OS は刺激提示の時間制御に制限があり、実験での使用が推奨されていない。もしこれから実験環境を整えるのであれば、必ず Psychtoolbox の System Requirements の Apple Macintosh の項目をみて、必要なスペックを確認しよう。

　MacOS は時間制御の精度などに問題が出つつある。そこでこのような問題を解決するために PsychtoolboxKernelDriver というドライバが用意された。実験の時間制御を正確にしたり、複数のディスプレイポートを持ったビデオカードを利用するときにはインストールすることが推奨されている。ただし一部のグラフィックカードを搭載した Mac にのみ対応しているので、導入する場合には自分の利用している Mac のグラフィックカードが対応していることをPsychtoolboxKernelDriver のヘルプで確認しよう。対応していないグラフィックカードの Mac にインストールすると動作がおかしくなることもある。また、対応している OS は 10.8 以降だ。それ以前の OS と 32bit バージョンの OS には対応していないので気をつけてほしい。

　実際のところ、このドライバを導入しなくてもプログラミングの練習はできるだろう。インストール方法もターミナルから行う方式なので初心者には少々やっかいだ。実験で必要になったときにインストールすればよい。インストール方法については、MATLAB のコマンドウィンドウで「help PsychtoolboxKernelDriver」と打つことで確認することができる。

1.3 **Psychtoolbox** のインストール

事前準備

　まず要件に合致するパソコンを用意し、MATLAB か Octave をインストールしよう。バージョンは新しい方がよい。もしも研究室にあるパソコンなどですでに MATLAB や Octave がインストールされていたら、Psychtoolbox3 がインストールされていないかを調べてみる必要がある。もし古いバージョンの Psychtoolbox が残っていたら、次のやり方で削除して最新版をインストールしよう。もちろんそのパソコンで誰かが実験中ではないかを確認しておくこと。以前のセッティングで実験を行っている人がいるかもしれない。

古い Psychtoolbox が入っていないかを確認

　MATLAB を起動して、コマンドウィンドウに次のように打ち込んでみよう。なお Psychtoolbox と Version の間にスペースは不要だ。

```
PsychtoolboxVersion
```

　Psychtoolbox がすでにインストールされていれば、バージョン番号が出てくるはずだ。エラーが返されたら、まだ Psychtoolbox が導入されていない。
　また、Psychtoolbox のバージョンが 3.0.8 未満の場合には、古い Psychtoolbox を削除して最新版をインストールした方がよい。
　3.0.8 以上のバージョンでも最新版にしておいた方が無難だろう。

Psychtoolbox のバージョンアップ

　すでに Psychtoolbox がインストールされていて、バージョンが 3.0.8 以上であれば、MATLAB のコマンドウィンドウで次のように入力することで、自動的に最新版の Psychtoolbox にアップデートしてくれる。

第 1 章　Psychtoolbox を使おう

```
UpdatePsychtoolbox
```

古い **Psychtoolbox** の削除

　古い Psychtoolbox を削除して最新版を新規に導入する場合の、古い Psychtoolbox の削除の方法を説明しよう。まず Psychtoolbox がどこに保存されているかを調べるために、コマンドウィンドウに次のコマンドを入力する。

```
PsychtoolboxRoot
```

　Psychtoolbox のフォルダがある場所が示されるはずだ。OS のウィンドウでその場所を開き、Psychtolbox の入っているフォルダをゴミ箱に入れてしまおう。次に MATLAB のコマンドウィンドウで pathtool と打つと、別のウィンドウが開き、リストが表示される。その中から Psychtoolbox のフォルダを選択して、Remove ボタンを押せば削除できる。保存してウィンドウを閉じよう。

Psychtoolbox のダウンロードと新規インストール

　ここではあらたに Psychtoolbox をインストールする方法を紹介する。事前に MATLAB か Octave がインストールされていることを確認してほしい。

　まず、Psychtoolbox のウェブサイトから DownloadPsychtoolbox.m をデスクトップにダウンロードしてこよう。

http://www.psychtoolbox.org

　Psychtoolbox のウェブページのトップページにあるボタンをさがしてほしい（図 1.5）。

　左クリックすると m ファイルの内容が現れる。現れたファイルを保存して

1.3 Psychtoolbox のインストール

Psychtoolbox-3

Psychophysics Toolbox Version 3 (PTB-3) is a free set of Matlab and GNU Octave functions for vision and neuroscience research. It makes it easy to synthesize and show accurately controlled visual and auditory stimuli and interact with the observer.

Getting started
  Overview
  Versions
  System Requirements
  Download
  Donations please

Getting help
  Tutorial
  Function Reference
  FAQ
  Forum
  Old Psychtoolbox website

Diving in
  Contribute to the project
  Wiki
  Bugs & Feature requests
  Git repository

↑ここを右クリックして保存する

図 1.5: **DownloadPsychtoolbox.m** のダウンロード

も良いし、左クリックではなく右クリックして、「リンク先のファイルを別名で保存」を選択してもよい。DownloadPsychtoolbox.m というファイルが保存できるはずだ。もしも拡張子に何か追加されてしまったら、削除して「.m」になるようにしてほしい。保存先はデスクトップにしておこう。

Psychtoolbox のインストール：MacOS の場合

上記の準備が整ったら MATLAB を起動してコマンドウィンドウで次のコマンドを入力する。

```
cd  /Desktop
DownloadPsychtoolbox
```

ダウンロードには時間がかかるが、エラーがでない限り放っておけばそのうち完了する。

Psychtoolbox のインストール：Windows の場合

まずマイコンピューターのメインドライブ（C や D）を開いて、toolbox という名前で新しいフォルダを作成しよう。そしてこの toolbox フォルダに、デスクトップに保存してある DownloadPsychtoolbox.m を移動する。次に MATLAB を開いて次のように打とう。C:は各環境に合わせて変えてほしい。

```
cd C:/ toolbox
DownloadPsychtoolbox('C:/toolbox')
```

インストールが終わるとちゃんと教えてくれるので、それまで待つこと。環境に依存するが、30 分くらいかかることもある。

インストール後の確認

インストールが終了したら、インストールに問題がないかを確認しよう。コマンドウィンドウに LinesDemo と打ってみよう。全画面にスクリーンが開いて、色とりどりの動く線が提示されれば成功だ。デモを止めるにはなにかキーを押そう。

1.4 Octave について

最後に MATLAB の代わりとして、フリーソフトの GNU Octave を用いる方法を紹介しよう。GNU Octave は 1990 年前後に開発が始まり、現在まで開発が続いている、「数値計算」を主な目的とするフリーソフトだ。その言語は MATLAB に類似しており、ある程度の互換性を持っている。ただし異なる部分もあるので MATLAB で作成したプログラムがそっくりそのまま移植できないこともある。しかし Psychtoolbox は Octave での利用もサポートする形で開発されているので、MATLAB が利用できなくても、大抵のことは Octave でできるはずだ。Octave が無事にインストールできたら、Psychtoolbox のインストール方法は MATLAB と変わらない。

Octave のインストール

Octave はフリーソフトなのでウェブ上からダウンロードしてインストールすれば使うことができる。まず下記のサイトにアクセスしよう（図 1.6）。

https://www.gnu.org/software/octave/

右の方に Download のボタンがあるのでクリックする。

Windows の場合

Windows の項目にダウンロードファイル一覧へのリンクがあるので、まずこのリンク先に行こう。すると図 1.7 のようなウェブページになる。octave-4.0.0_0-installer.exe をダウンロードしてインストールしよう。

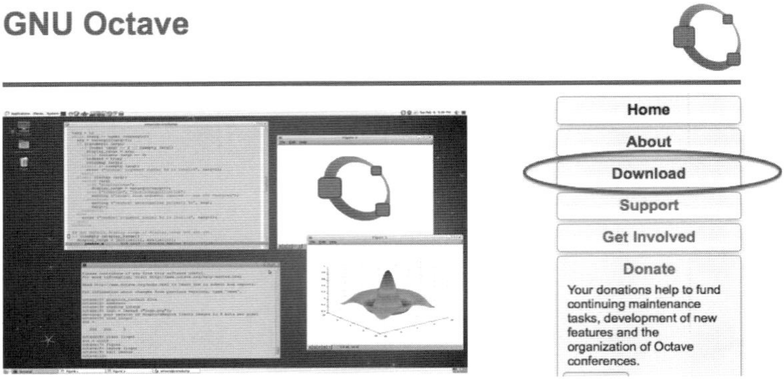

第 1 章　Psychtoolbox を使おう

図 1.6: Octave のダウンロード

MacOS の場合

OS X の項目に installing Octave on OS X systems. というリンクがある。まずこのリンク先に行こう。すると図 1.8 のようなウェブページが開く。

OSX 10.9（Marverics）を利用している場合には、Binary installer for OSX10.9.1 をクリックしてインストーラをダウンロードしよう。インストーラーを起動したら、そのまま進んでいけば Octave のインストールが完了する。なおこのインストーラーは OSX 10.9 に対応しているが、その他のバージョンの OSX でも使うことができるかどうかは未確認だ。OSX10.8 以前もしくは OSX10.10（Yosemite）を利用している場合には、Octave を含めた複数のソフトウェアをインストールできるパッケージ管理ソフト（2015 年 4 月現在、Fink, MacPorts, Homebrew が対応している）を利用する方法が比較的簡単だ。しかし、ターミナルを利用してのインストールとなるので少しハードルが高い。http://wiki.octave.org/Octave_for_MacOS_X を参考にトライしてみるのもよいが、Windows を利用する方が手っ取り早いかもしれない。

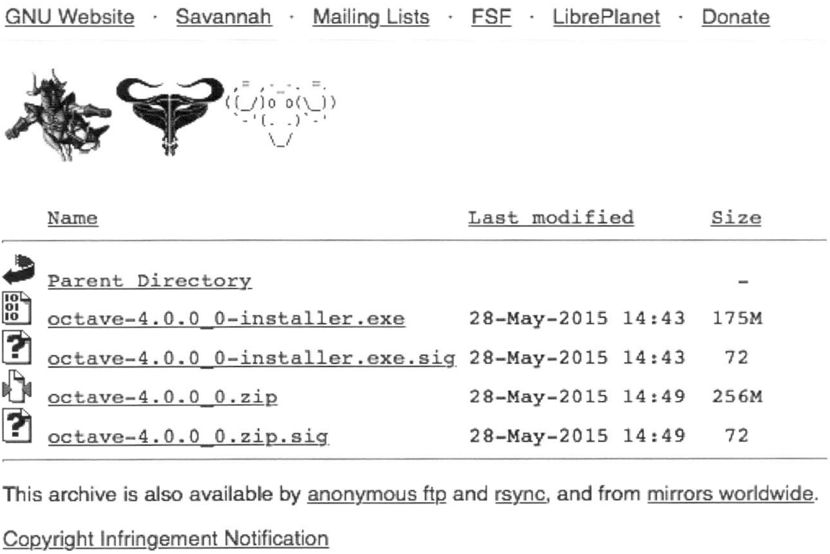

1.4 Octave について

図 1.7: Windows 版 Octave インストーラのダウンロード

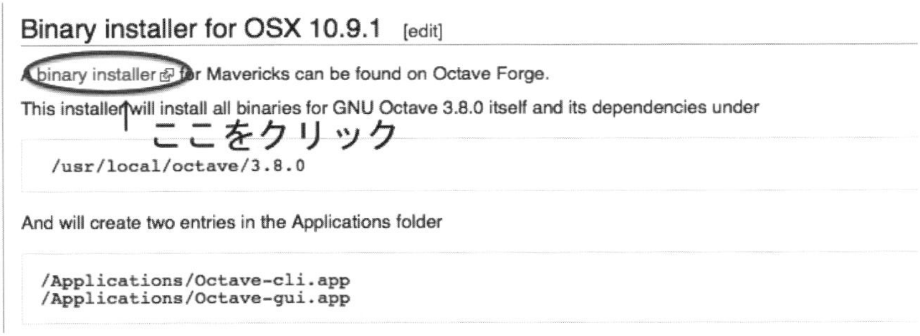

図 1.8: MacOS 版 Octave インストーラのダウンロード

1.5 MATLABの基本的な使い方

無事にPsychtoolboxがインストールができただろうか。Psychtoolboxを使うには、MATLABもしくはOctaveの使い方を知っておかなければならない。ここではMATLABを紹介するが、Octaveも基本的に同じように使える。

MATLABを起動するといくつかに分割されたウィンドウが現れる（図1.9）。MATLABのバージョンや設定によって異なるが、たいていの場合次の領域があるはずだ。

Command Window（コマンドウィンドウ）もっとも重要な部分。命令を打ち込んだり、MATLABからのエラーメッセージなどが返されたりする。

CurrentDirectory（現在のフォルダー）いま開いているディレクトリの中身が表示されている。

Workspace（ワークスペース）現在設定されている変数の情報が表示されている。変数をダブルクリックするとその中身をみることができる。

CommandHistory（コマンド履歴）これまでにCommand Windowで使用した命令が表示されている。

コマンドウィンドウ

ではコマンドウィンドウを少し試してみる。「2+2」と入力し、Enterを押してみよう。すると結果が返される。もちろん答えは4だ（図1.9）。

コマンドウィンドウではこのように計算が可能だ。もっと複雑な計算もできるので色々試してみてほしい。なお、clcと打ち込むとコマンドウィンドウの内容が消去される。コマンドウィンドウの内容が消えても、これまでに打ち込んだ命令などはコマンドヒストリーに記録されている。また、キーボードの上矢印のキーを押すと、これまでに打ち込んだ命令が表示される。

今日は何月何日だっけ？　という場合には、コマンドウィンドウに次のように入力すると教えてくれる（図1.10）。

1.5 MATLAB の基本的な使い方

図 1.9: MATLAB のウィンドウ

```
date
```

カレンダーを出すこともできる（図 1.11）。

```
calendar
```

他にも次のようなコマンドがあるので試してみよう。

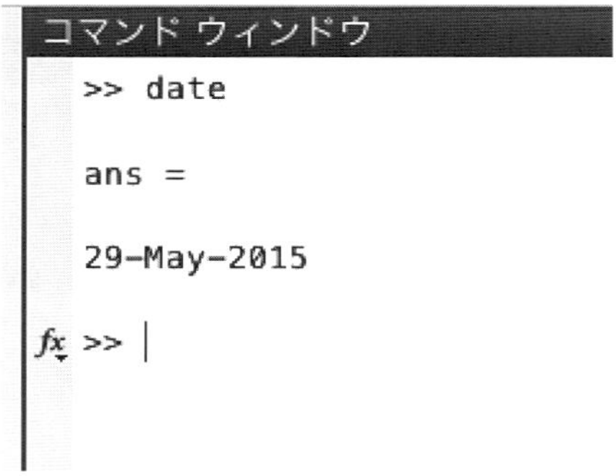

第 1 章 Psychtoolbox を使おう

図 1.10: date

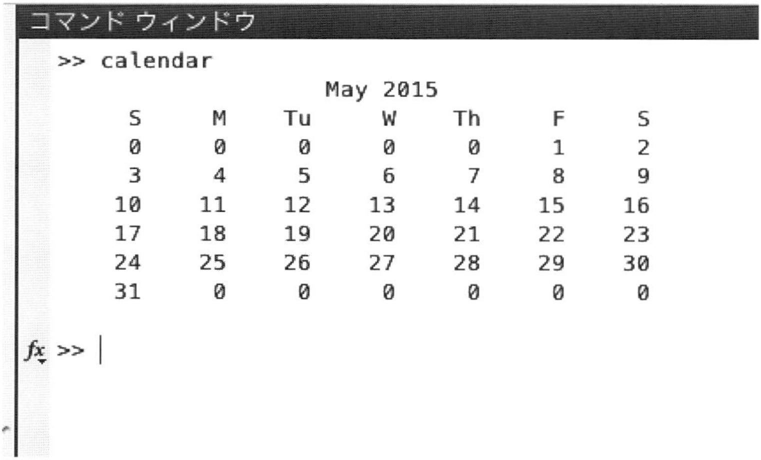

図 1.11: calendar

1.5 MATLAB の基本的な使い方

pwd 現在のディレクトリ名が表示される。

ls 現在のディレクトリに含まれるファイル名のリストが表示される。

help コマンド名　コマンドの使い方などが表示される。

doc ヘルプのウィンドウが開く。

exit MATLAB を終了する。

エディター

次にプログラムを書くのに使うエディターを説明しておこう。

プログラミングはコマンドウィンドウではなくエディターを使用して行う。エディターで記述した命令のセットは MATLAB ではプログラムと呼ばれている。また、値の受け渡しをするものは関数と呼ばれる（詳細は第 2 章で）。

エディターを開くには、MATLAB のウィンドウ左上にある新規スクリプトのアイコンをクリックしよう（図 1.12）。もしくはコマンドウィンドウで edit と打ち込んでもよい。エディターが起動したと思う。この真っ白な画面にプログラムを書いていこう。

まず始めにプログラムの説明や作成者、日付などを書いておくとよい。このような情報は「コメント」としてプログラムを実行するときには無視するようにさせる。行の先頭に%を書けば、その行はコメントと見なされる。

図 **1.12**: エディターの起動

第 1 章　Psychtoolbox を使おう

図 1.13: 保存

```
%実験プログラム
%2015/04/06
%おなまえ
```

　ここまで書いたら、まずは保存をしておこう（図 1.13）。プログラムを書いているときには保存を忘れずに。がんばって大量のプログラムを書いても、保存し忘れたらすべて水の泡だ。雷が落ちて停電することだってある。保存したらプログラムの続きを書こう。ここでは先ほどコマンドウィンドウで試してみたように足し算をやってみよう（図 1.14）。1 + 1 と入力できたかな。

　エディタで作成したプログラムを実行するには二通りの方法がある。一つ目はコマンドウィンドウからの実行だ。コマンドウィンドウから実行するには保存されたプログラムにパスを通すか、カレントディレクトリ（MATLAB がいまのぞいているフォルダ（ディレクトリ）と考えよう）を変更する必要がある。まずカレントディレクトリを、プログラムを保存したディレクトリに変更しよう。

　次に、コマンドウィンドウの上のアドレスバーの左にある「ファイルを開く」アイコンをクリックして、プログラムを保存したフォルダを選択する（図1.15）。そしてコマンドウィンドウに作成したプログラムのファイル名を打ち込もう（図 1.16）。するとそのファイルが実行される。結果はそのままコマンドウィンドウに表示される。

1.5 MATLAB の基本的な使い方

図 1.14: エディターの書き方

図 1.15: ファイルを開く

第 1 章　Psychtoolbox を使おう

図 1.16: コマンドウィンドウからの実行

図 1.17: エディターからの実行

　二つ目はエディター上からの実行だ。エディター上部に並んでいるアイコンの中に図 1.17 のようなものがあるはずだ。これを押すと、プログラムが保存されて実行される。
　なお、カレントディレクトリがプログラムを保存しているディレクトリではない場合には、現在のディレクトリをプログラムが保存されているディレクトリにするかどうかを聞いてくるので、ディレクトリを変更しておこう。

1.6 次は？

インストール方法やコマンドウィンドウ、エディターの使い方はわかっただろうか。これで Psychtoolbox を使う準備は整った。次の章ではプログラミングの基礎を学ぼう。

第 2 章　プログラミングの基礎

　全てのプログラミング言語は、日本語や英語と同じように、独自の規則（つまり文法）を持っている。文法にしたがって書かなければ意図を理解してもらえないという点では、人間もコンピュータも変わらない。この章では、MATLAB というプログラミング言語における基本的な文法について説明しよう。具体的には、関数と変数、ループ、条件分岐について解説していく。また、テキストファイルの保存についても本章で扱う。

2.1　関数

　関数（function）というのは、プログラム言語における動詞のようなものだ。友達に「ノートを見せて」と頼むように、関数を使ってコンピュータに色々お願いすることができる。試しにコマンドウィンドウに以下の関数を入力してみよう。

```
fprintf(1, 'hello world\n');
```

　入力は半角で行うように。一部の例外を除いて、MATLAB は全角の文字をうけつけない。バックスラッシュは使っているコンピュータによっては「￥」と表示されるが、「￥」のままで問題ない。Enter キーを押して実行すると、hello world とコマンドウィンドウに表示されたはずだ（図 2.1）。fprintf() とは、

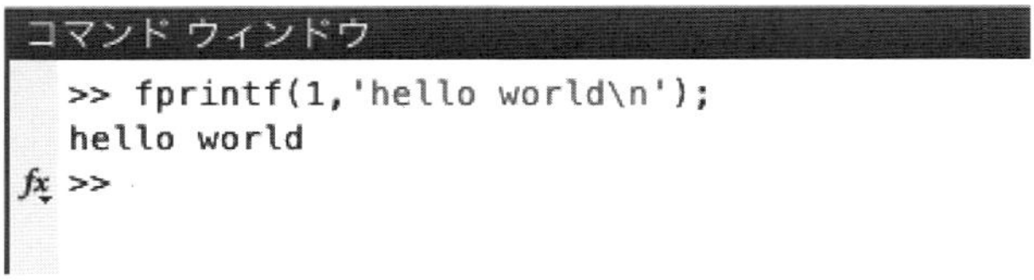

第 2 章 プログラミングの基礎

```
コマンドウィンドウ
>> fprintf(1,'hello world\n');
hello world
fx >>
```

図 2.1: Hello world

MATLAB 言語における「○○に××を書いて」という命令である。関数の最後は、基本的にセミコロン (;) で終了する決まりになっている。関数のカッコの中に入れるパラメータ（引数）を変えることで、書き込む文章や文章を書く場所を変更できる。ついでながら、fprimtf() の 1 つめのパラメータはどこに文章を書くかを指定するためのもので、1 を入力するか省略するとコマンドウィンドウに文章が書きこまれる。fprintf() はテキストファイルに文字を書きこむ際にも使われる。その方法は後ほど説明しよう。

ここで理解してほしいのは、MATLAB と Psychtoolbox は色々な用途に使う関数を数多く持っているということ、それらを組み合わせることで複雑な心理学実験を作成可能なことだ。本書を読み進めていくと、少しずつ新しい関数に出会い、最終的には心理学実験をプログラムできるようになるだろう。

2.2 変数

コンピュータは、複雑な画像を描いて表示してくれたり、実験参加者の反応を集計して正答率を計算してくれたりする。こうした作業では画像や反応を関数の中で表現する必要があるのだが、そのために使われるのが変数である。

変数とは、数値や文字を入れておく箱のようなものと考えることができる。今、手元に 3 つの箱、box1、box2、box3 があるとする。例えば、実験 1〜3 における正答数をこれらの箱に入れるとする。それぞれ、1、3、5 であるとしよう。こうした操作は、以下のようにしてコマンドウィンドウで行うことができる。

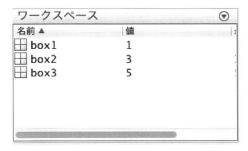

図 2.2: ワークスペースに表示された変数

```
box1 = 1;
box2 = 3;
box3 = 5;
```

　画面上のワークスペースに、3つの変数と値が表示されているはずだ（図2.2）。そして、3つの実験における正答数を加算し、合計値を answer という箱に入れるとする。この操作は以下の通り。

```
answer = box1 + box2 + box3;
```

　このように、変数に値を入力し、変数を使ってコンピュータに作業をさせるのがプログラミングの基本である。

2.3　配列変数

　変数の中に入れることができるのは、1つの値だけではない。表のような、

第 2 章　プログラミングの基礎

表 2.1: 3 つの実験における 5 人の実験参加者の正答数

	実験 1	実験 2	実験 3
参加者 A	1	3	5
参加者 B	1	0	2
参加者 C	2	3	4
参加者 D	0	2	3
参加者 E	3	2	5

複数の値を入力することもできる。これは配列変数（array variable）と呼ばれている。さきほどの例であげたように、5 人の実験参加者が 3 つの実験に参加したとしよう。彼らの正答数を表 2.1 に示す。

以下の文を実行すれば、このデータを変数 array に入力することができる。

```
array = [1 3 5; 1 0 2; 2 3 4; 0 2 3; 3 2 5];
```

[ ] はその間にある数値が配列変数であることを、; は配列の改行を示している。MATLAB ではプログラミングの際にスペースの有無はあまり問題にならないのだが、配列変数の設定においては数字の間のスペースが重要である（コラム 1 参照）。スペースがないと、1 と 3 と 5 なのか 135（百三十五）なのかの区別がつかないからだ。意図した通りに配列変数が設定できていれば、ワークスペースには array の値が 5×3 double と表示されているはずだ。これは、array が 5 行 3 列の配列変数であることを意味している。ワークスペース内の array をダブルクリックすると図 2.3 のように変数の内容が表示され、表 2.1 と同じになっていることが確認できる。配列を使うと、いろいろと便利なことができる。そうしたテクニックについても、これから少しずつ解説していこう。

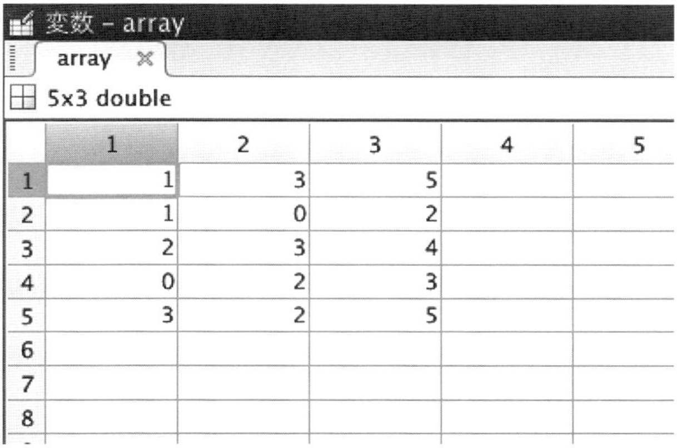

図 2.3: ワークスペース内の **array** をダブルクリックすると値が表示される。

2.4 配列演算と行列演算

　配列変数を使った計算には配列演算と行列演算の 2 種類がある。配列演算では変数の要素ごとに計算が行われる一方で、行列演算では変数が行列として扱われる。まず、配列演算の具体例を示そう。a = [1 2; 3 4]; b = [5 6; 7 8]; という 2 つの配列変数があるとする。どちらも 2 行 2 列の変数だが、例えば配列演算で変数 a と変数 b を掛けた場合、対応する要素ごとに [1×5　2×6；3×7　4×8] というように計算される。a の最初と b の最初が掛けられ、a の 2 つめと b の 2 つめが掛けられ……といった具合だ。MATLAB では配列演算の掛け算と割り算を次のように表記する。

```
c = a.*b;
d = a./b;
```

*は掛け算（×）を、/は割り算（÷）を意味している。それぞれの前にピリオ

第 2 章　プログラミングの基礎

ドがついているのに注意してほしい。このピリオドが配列演算を行うことを MATLAB に伝えている。コマンドウィンドウで実際に計算してみるといいだろう。c は [5 12; 21 32], d は [0.2 0.3333; 0.4286 0.5] となるはずだ。

行列演算では、行列のルールに従って計算が行われる。例えば、さきほどの変数 a と変数 b を行列演算で掛けた場合、[1×5+2×7　1×6+2×8　3×5+4×7　3×6+4×8] という計算が行われ、結果は [19 22; 43 50] となる。MATLAB では行列演算の掛け算と割り算を以下のようにピリオドなしで表記することになっている。

```
c = a*b;
d = a/b;
```

心理学実験のプログラムにおいて行列計算を行うことは稀であると言える。したがって、配列変数の掛け算は「.*」、割り算は「./」と当面は理解してもらって差し支えない。足し算と引き算に関しては、行列演算が存在しないので、＋と－で配列演算が行われる。

2.5　自分で関数を作る

既存の関数を組み合わせて、自分のオリジナル関数を作ることができる。さっそく最初のプログラミングを始めよう。画面左上のホームタブから、新規スクリプトアイコン（MATLAB ではプログラムをスクリプトと呼ぶこともある）をクリックして、エディターを起動する（図 2.4）。エディターの新しいウィンドウには、まだ何も記入されていない。

まずは正答数を集計する関数を作るので、以下をエディターに入力してほしい。

2.5 自分で関数を作る

ここをクリック

図 2.4: 新規スクリプトアイコン（上）と空白のエディターウィンドウ（下）、そしてフロッピーディスクアイコン

──────── 配列変数を用いたプログラム ────────

function CountAnswer(data)

answer = data(1,1) + data(1,2) + data(1,3);
fprintf(1, '参加者 A：%d \n', answer);

answer = data(2,1) + data(2,2) + data(2,3);
fprintf(1, '参加者 B：%d \n', answer);

answer = data(3,1) + data(3,2) + data(3,3);

33

第 2 章　プログラミングの基礎

```
fprintf(1, '参加者 C：%d \n', answer);

answer = data(4,1) + data(4,2) + data(4,3);
fprintf(1, '参加者 D：%d \n', answer);

answer = data(5,1) + data(5,2) + data(5,3);
fprintf(1, '参加者 E：%d \n', answer);
```

　上記を記入したら、まずセーブだ。フロッピーディスク（実物を見たことのない読者もいるかもしれない）のアイコンをクリックして、CountAnswer というファイル名で MATLAB フォルダにセーブしよう。MATLAB フォルダは、Windows の場合には「ドキュメント」フォルダの中に、MacOS の場合は /USERS/（ユーザーの名前）/Documents に置かれている。プログラムの保存が完了したら、コマンドウィンドウに以下を入力する。

```
CountAnswer(array);
```

　array は本章の 3 節（2.3）で作成した変数である。コマンドウィンドウには実験参加者 5 名の正答数が表示されたはずだ（図 2.5）。もし赤文字のエラーが表示されたのなら、綴りがまちがっているのかもしれない。では、うまくいったとして、プログラムの内容を説明していこう。
　まず、プログラムの一番初めに function と書く必要がある。これは、このプログラムが関数であることを MATLAB に伝えている。function の後に、関数の名前とパラメータを指定する。ここでは、CountAnswer() という名の関数が宣言されており、受け取ったパラメータは data という変数に入れられることになる。つまり、さきほどの実行では、配列変数 array を受け取って、それをそのまま data に移したわけだ。

2.5 自分で関数を作る

```
コマンドウィンドウ
>> array = [1 3 5; 1 0 2; 2 3 4; 0 2 3; 3 2 5];
>> CountAnswer(array);
参加者A： 9
参加者B： 3
参加者C： 9
参加者D： 5
参加者E： 10
fx >> |
```

図 2.5: CountAnswer() の出力

　プログラム第 3 行を見よう（MATLAB エディターでは空白行も含んでカウントする）。data(1,1) は配列変数 data の 1 行 1 列目を指している。同様に、data(1,2) は 1 行 2 列目、data(1,3) は 1 行 3 列目である。これら 3 つを足すことで、参加者 A の合計正答数を計算し、結果を answer に入れている。このようにして配列変数のなかの特定の変数を指定することができるので、覚えておこう。

　さらに第 4 行では、fprintf() を使って計算結果をコマンドウィンドウに表示している。ここで新しいのは、変数の値をコマンドウィンドウに書き込んでいる点である。シングルクォーテーション「' '」で囲まれた文中に、%d があるのに注目してほしい。これは、そこに変数の値（整数）を入れるという印である。fprintf() のカッコ内の最後にある変数（ここでは answer）が %d に入れられる。その後の \n は改行を意味している。

　プログラムの残りの部分では、配列変数 data の参照先（行列番号）を変えることで、参加者 B～E の正答数計算を行っている。参加者 B の場合は 2 行目、参加者 C の場合は 3 行目といった具合だ。

　プログラムはうまく動いただろうか？　MATLAB のエディターはよくできていて、入力におかしな部分があると赤線を引いてくれる。もし、エラーが出てプログラムがうまく動かないようなら、赤線部分が間違っていないかを確かめてみるとよいだろう。

35

2.6 while を使ったループ

さきほどのプログラムでは上から順番に文が読まれていき、命令が実行されるのは一度だけだ。しかし、同じ命令を何度も繰り返したいときがある。心理学実験では数十回にわたって（数千回のこともある）試行を行うことは珍しくない。このとき、1試行に1命令を書いていたらプログラムはとんでもない長さになってしまう。while を使ってプログラムの一部を繰り返し実行させることで、こうした問題を回避できる。エディターの新規作成をクリックして、以下のプログラム CountAnswer2() を入力しよう。

─────── while を使用したプログラム ───────

```
function CountAnswer2(data)

name = {'参加者 A' '参加者 B' '参加者 C' '参加者 D' '参加者 E'};
num = 0;

while (num < 5)
    num = num + 1;
    answer = data(num,1) + data(num,2) + data(num,3);
    fprintf(1, '%s：%d \n', char(name(num)), answer);
end
```

セーブしてから、CountAnswer2(array); とコマンドウィンドウに入力して実行する。先ほどと同じように、参加者ごとに集計結果が表示されれば成功だ。以前、プログラムは半角で入力するようにと書いたが、シングルクォーテーション「' '」で挟まれた部分では全角の入力が可能である。ただし、シングルクォーテーション自身は半角である必要がある。全角で入力した後、最後のシングルクォーテーションを半角にするのを忘れることがあるので気をつけよう。

このプログラムでは、まず参加者名を配列変数 name に記録している。ここ

2.6 while を使ったループ

では、[ ]ではなく { } が使われる点に気をつけてほしい。これはセル配列と呼ばれる配列変数で、文字列を扱うときの面倒事を省いてくれる。文字列の配列変数を作るときは、[ ]ではなく { } を使うと覚えていてくれればよい。

そして、変数 num を 0 に設定したら、今回のポイント while だ。while は、括弧内の条件式が満たされる限り、繰り返し文を実行する。CountAnswer2() では、num < 5 である限り、while 下の 3 行が繰り返し実行される。同じ箇所をぐるぐる回るイメージなので、こうした繰り返しはループと呼ばれる。最初に num を 0 にしたのは、while の作るループに入っていってもらうためである。もし、num が 5 に設定されていたら、何も行わずにプログラムは終了してしまう。while ループの最初に

```
num = num + 1;
```

という式があるのを見て、奇異に思ったかもしれない。これはプログラミング独特の表現で、変数 num の値に 1 を足して、その値を変数 num に代入するという意味だ。num が 0 なら 1 に、1 なら 2 というふうになる。

そして、次の行（プログラム第 8 行）では、これまでやってきたように 3 つの値を合計している。前のプログラムと異なるのは、行数を num で指定していることである。while ループを繰り返すことによって、num は 1 ずつ増加していく。結果として、1 回目は 1 行目、2 回目は 2 行目というふうに、配列変数内の行が変わっていく仕組みができあがる。

最後に fprintf() を使って計算結果を出力している。変数内の文字列を書き込む場合、%s を文中に置く。数値を書き込む場合は、これまで通り%d を置く。これらに対応するように、name(num) と answer が fprintf() のパラメータとして入力されている。さきほど説明したように、ループを繰り返すごとに num は 1 ずつ増えていく。それに合わせて、一度目は name(1) の'参加者 A'、二度目は name(2) の'参加者 B'という具合に、書き込まれる文字列も変化する。

「%s」の部分には、最初に設定したセル配列（「参加者 A」など）が挿入され

る。ただ、少し面倒くさいことに、fprintf() はセルを入力として受け取ることができない。そのため、セルを文字列に変換する関数 char() にセル配列 name(num) を渡して、char(name(num)) となっている。セル配列を fprintf() のパラメータにするときには、char() の括弧で囲むと覚えておこう。

end は while ループの終わりを示しており、ループの最初に戻って条件式の評価が行われる。つまり、num < 5 であるかどうかをチェックし、式を満たしていれば再びループ内の命令を実行する。式が満たされていないときには while ループが終了し、end 以後の命令を実行することになる。ここでは続きの命令はないので、プログラムは終了する。

2.7　for を使ったループ

while の代わりに for を使ってループを作ることもできる。for ループは、いつでも while ループに書き直すことができるが、for を使った方がプログラムを理解しやすいことがある。以下の CountAnswer3() を保存したら、CountAnswer3(array); とコマンドウィンドウで実行しよう。

―――― for を使用したプログラム ――――

```
function CountAnswer3(data)

name = {'参加者 A' '参加者 B' '参加者 C' '参加者 D' '参加者 E'};

for num = 1: 5
    answer = data(num,1) + data(num,2) + data(num,3);
    fprintf(1, '%s：%d \n', char(name(num)), answer);
end
```

for の後にある num = 1：5 は、ループの実行ごとに num が 1 から 5 まで増えていくことを伝えている。1 回目の実行において num は 1、2 回目の実行

では num は 2 となる。そして、5 回繰り返したら、for ループは終了する。for を使うことで、num の 0 への初期化とループ内での加算とが省略できた。それ以外は、前のプログラムと全く同じである。

2.8 if による選択

3000 円持っていれば飲み会に行くが、そうでなければ行かない。この文は、所持金の額次第で 2 つの行動から一方が選択されることを示している。MATLAB も同じような選択を行うことができる。以下のプログラム CountAnswer4() を見てみよう。

─────── if を使用したプログラム ───────
```
function CountAnswer4(data, average)

name = {'参加者 A' '参加者 B' '参加者 C' '参加者 D' '参加者 E'};

for num = 1: 5
    if average == 1
        answer = (data(num,1) + data(num,2) + data(num,3))/3;
        fprintf(1, '%s：%f \n', char(name(num)), answer);
    else
        answer = data(num,1) + data(num,2) + data(num,3);
        fprintf(1, '%s：%d \n', char(name(num)), answer);
    end
end
```

パラメータ average が追加されているのに気づいただろうか。このプログラムは average の中身が 1 であれば正答数の平均値（つまり合計値を 3 で割った値）を出すようになっている。1 でない場合には、これまで通り合計値を表示

第 2 章　プログラミングの基礎

する。この条件の評価は、プログラム第 6 行目の

```
if average == 1
```

で行われている。==（イコール 2 つ）は比較演算子と呼ばれるものの一つで、左辺と右辺が等しいかどうかを評価する。つまり、==で、普段の数式において使う=1 つと同じ意味になる。条件を満たすとき、if と else で囲まれた部分が実行される。条件を満たさないときには、else から end までの部分が実行される。else 以下の部分は省略して、条件を満たさない場合には何も実行しないようにすることもできる。ただし、if 文の終了を告げる end は常に必要である。

では、以下の 2 つの命令をコマンドウィンドウから実行して、結果を比べてみよう。

```
CountAnswer4(array, 1); CountAnswer4(array, 0);
```

パラメータに 1 を渡した場合は平均値、0 を渡した場合は合計値が表示されたはずだ。「渡す」という表現は奇妙かな？　関数のパラメータに何か値を入力することをプログラミング業界では「渡す」と言う。関数はその値を「受け取り」、処理を実行し、場合によっては戻り値を返す。ここでは平均値として合計値の 3 分の 1 が出ていれば、計算は間違っていない。

比較演算子は==以外にもあり、if や while の条件式として使用することができる。比較演算子の一覧を表 2.2 に示した。

プログラムに戻ろう。8 行目の fprintf() に%d ではなく%f が入力されていることに注目してほしい。平均値を計算するために合計値を 3 で割っているのだが、そのため変数 answer は小数点以下の値を持つことがある。しかし、%d

表 2.2: MATLAB の比較演算子

演算子	以下が真なら 1 を、偽なら 0 を出力する
==	左辺が右辺に等しい
<=	左辺が右辺以下
>=	左辺が右辺以上
<	左辺が右辺より小さい
>	左辺が右辺より大きい
~=	左辺が右辺に等しくない

は整数の値しか受けつけないのだ。fprintf() で小数を表示したい場合、%d の代わりに%f を使う必要がある。

2.9 テキストファイルの保存

ここまでに行ってきた計算結果は、MATLAB を終了すると消去されてしまう。せっかくの成果を捨ててしまうのが惜しいかな？　では、計算結果をテキストファイルに保存するように、関数を改造しよう。まず、エディターの「開く」アイコンをクリックして CountAnswer3() のファイルを開いてほしい。そして、上部のタブから「名前を付けて保存」を選んで（フロッピーディスクアイコンの下の▼を押すと出るはず）、CountAnswer5 と新しい名前を付けて保存する（図 2.6）。保存が完了したら、プログラムを以下のように改造しよう。

```
─────────── テキストファイルを保存するプログラム ───────────
function CountAnswer5(data) % 3 を 5 に変更

fid = fopen('result.txt', 'a'); % この行を追加

name = {'参加者 A' '参加者 B' '参加者 C' '参加者 D' '参加者 E'}
```

第2章 プログラミングの基礎

図 2.6: フロッピーディスク下の▼をクリックすると、プログラムに名前をつけて保存することができる。

```
for num = 1: 5
    answer = data(num,1) + data(num,2) + data(num,3);
    fprintf(1, '%s：%d \n', char(name(num)), answer);
    fprintf(fid, '%s：%d \n', char(name(num)), answer); % この行を追加
end

fclose(fid); % この行を追加
```

このプログラムのキモは冒頭の関数 fopen() だ。この関数を使用して、テキストファイルを作成したり、開いたりすることができる。fopen() に渡す2つのパラメータのうちの1つめはファイルの名前である。ここでは、'result.txt' という名が指定されている。2つめのパラメータはファイルの開き方を指定す

る。'a'を入力した場合には、ファイルの末尾にデータを追加していくことになる。また、ファイルが存在しない場合、指定した名前のファイルを作成する。心理学実験の場合、基本的に'a'を入力しておけば問題ない。

　関数の中には、戻り値（出力）と呼ばれる値を返すものがある。fopen()もそのひとつで、開いたファイルに関する情報（ファイル識別子）を返す。ここでは、fid という変数にその情報が格納されている。この情報は、開いたファイルを他の関数で参照するために使われる。例えば、2つめの fprintf() において、fid がパラメータとして渡されているのに注目してほしい。fprintf()にファイル識別子を渡すことで、そのファイルにデータを書き込むことが可能となる。これで、いつでも好きな情報を記録することができるぞ。さっそく、コマンドウィンドウに CountAnswer5(array); と入力してプログラムを実行しよう。すると、'result.txt'が作成されるので、エディターで開いてみる。ファイルの保存場所は、Windows の場合は「ドキュメント」フォルダ内の「MATLAB」フォルダ、Macintosh の場合は/Users/(ユーザーの名前)/Documents/MATLAB が初期設定となっている。ファイルが見つからない場合は、MATLAB ファイルのみが表示対象になっているせいかもしれない。「開く」ウィンドウで、対象ファイルを「すべてのファイル」に設定すれば見つかるはずだ。計算結果が保存されていることが確認できただろうか。

　また、fid は最終行の fclose() でもパラメータとして渡されている。fclose()は指定されたファイルを閉じるための関数である。ファイルを開いたままだとメモリを浪費することになるし、トラブルの原因にもなりかねないので、プログラムの最後で fclose() を使う習慣をつけておこう。

2.10　次は？

　プログラミングは初めてだったかな？　関数と変数について学び、ループと条件分岐を理解したなら、プログラミングの基礎はマスターしたと思ってよい。後は、これらを組み合わせることで、とても人間にはできないような作業をコンピュータにやらせることができる。また、fprintf() を使ったデータの保存も学んだ。これで、プログラミングの成果を自分でメモする必要がなくなっ

第2章 プログラミングの基礎

たわけだ。

　次の章では、もっと実践的なプログラムを書くことにしよう。心理学実験に不可欠な刺激提示を行うプログラムだ。

コラム1　スペースはどこに必要なのか？

　MATLABはスペースに関して良く言えば寛容、悪く言えば曖昧なルールを持っている。多くの場合、プログラム内にスペースはあってもなくても、どちらでもよい。a=a+1;でも a = a + 1 ;でも問題なく処理される。=や+などの演算子が間にあれば、そこに区切りがあることがわかるからだ。

　一方、いくつかスペースが必要とされる状況があり、入門者を混乱させている。例えば、配列変数の設定にはスペースが必要だ。array = [1 3 5]; は1行3列の配列変数を作るが、スペースのない array = [135]; は135の値を持つ単一の変数を作る。先で解説するセル配列も同様で、name = '参加者A'　'参加者B';の場合、'参加者A'と'参加者B'の間にスペースが必要で、2つのシングルクォーテーションをつなげてはならない。

　文字列を結合するのにも [ ] が使われるが、この中にもスペースが必要となる。例えば、['CB'　num2str(1) '.jpg'] は CB1.jpg という文字列を作成するが、'CB'とnum2str(1)と'.jpg'の間にスペースが必要だ。

　プログラムの入力内容に問題はないのにエラーが出るのならば、スペースが必要でないかを確認してみよう。あと、クォーテーションや括弧、セミコロンが全角文字になっていることも多い。半角でなければダメだ。

第3章 刺激の作成と保存

ディスプレイはコンピュータにとって重要なインターフェースである。実際、読者のコンピュータにもディスプレイが接続されているだろう。第3章では、このディスプレイに画像を表示したり、絵を描いたりする方法を学ぶ。また、作成した画像を保存する方法についても解説する。

MATLABそのものは心理学実験用のアプリケーションではない。そのため、標準的な関数だけで実験を作成するのには大きな困難が伴う。本章からは、心理学実験用の関数群であるPsychtoolboxの助けも借りてプログラムを書いていこう。

3.1 画像の読み込みと表示

MATLABをインストールしたなら、とあるカメラマンの写真も一緒に保存されているはずだ。この画像を表示してみよう。まず、画像ファイルを読み込むために、以下の命令をコマンドウィンドウに入力する。

```
imdata = imread('cameraman.tif');
```

cameraman.tifが存在しないというエラーがでた場合、読者のMATLABでは画像がインストールされていない可能性がある。cameraman.tifをcoins.pngやspine.tif、example.tifに変えてみよう。それぞれ、コインの写真、背骨のX線

第 3 章 刺激の作成と保存

図 3.1: **image()** で表示した色の変なカメラマン　本書では印刷の都合で白黒だが、実際にはカメラマンが青く、背景が赤く表示されており、色の表示が適切ではない。

画像、キャッツアイ星雲の望遠鏡画像で、たいていの MATLAB において保存されている画像である。

　imread() は画像ファイルを読み込むための関数で、画像ファイルの名前をシングルクォーテーション「' '」で囲んだものをパラメータとして受け取る。そして、戻り値として画像データを返す。ここでは、変数 imdata が画像データを格納している。さっそく画像を表示してみよう。引き続き、以下の関数をコマンドウィンドウに入力する。

```
image(imdata);
```

　image() は指定された変数を画像として表示する関数なのだが…。色がとんでもないことになっていないかい（図 3.1）？　これは、色の表示に関する設定が画像の色に合っていないためだ。'cameraman.tif' は白黒写真なので、色設定をグレースケールに変えてやる必要がある。

3.1 画像の読み込みと表示

図 **3.2:** 正しいカメラマン

```
colormap(gray(256));
```

　上記を実行すれば、MATLAB の色設定が 256 階調のグレースケールに変更される。カメラを構えた男の白黒写真が表示されたはずだ。しかし、まだ少し変だ。写真が横長になっているじゃないか！　表示幅を画像に合わせる関数を実行してやろう。

```
axis image;
```

　これで OK（図 3.2）！　しかし、画像 1 枚を表示するのに、かなりの手間だ。もし、読者が MATLAB 本体に加えて Image Processing Toolbox を購入しているなら、ここまでの手順の代わりに imshow() を使うことができる

第 3 章　刺激の作成と保存

```
imshow('cameraman.tif');
```

　MATLAB には多くの関数が含まれているが、Toolbox をインストールすることで、さらに多くの関数を使用可能になる。Image Processing Toolbox は Mathworks 社が提供する有料の Toolbox で、画像処理に特化している。しかし、これらの関数は心理学実験の実施には向いていない。例えば、image() や imshow() はウィンドウ内に画像を表示しているが、実験においては刺激以外の関係ないものは消去したいだろう。また、実験ではしばしば刺激提示時間の厳密な管理が要求されるが、そうした実験を image() や imshow() を使用して実施するのは難しい。そこで、次節からは、心理学実験用の Toolbox である Psychtoolbox を使っての画像表示に挑戦しよう。

3.2　**Psychtoolbox** を使用した画像の表示

　さっそくプログラミングだ。以下の関数をエディターで作成してほしい。第 1 行 "function ShowCameraman()" の () に何も入っていないのは、この関数がパラメータを持たないことを意味している。こうした場合、() を省略することもできる。

--- 画像を表示するプログラム ---
```
function ShowCameraman()

% 画面全体にウィンドウを開く
mainWindow = Screen('OpenWindow', 0);

% 画像の読み込み
imdata = imread('cameraman.tif');
tex = Screen('MakeTexture', mainWindow, imdata);
```

3.2 Psychtoolbox を使用した画像の表示

```
Screen('DrawTexture', mainWindow, tex);

% 画面に表示
Screen('Flip', mainWindow);

% 3 秒待つ
WaitSecs(3);

% ウィンドウを閉じる
Screen('CloseAll');
```

　プログラムを保存したら、コマンドウィンドウに ShowCameraman; と入力して実行しよう。「Welcome to the Psychtoolbox」と表示された後、画面全体が白くなり、中央にカメラマンが 3 秒表示されれば成功だ！　先ほど cameraman.tif が見つからなかったのなら、coins.tif などの画像に差し替えても問題ない。

　もし、プログラムがうまく動かず、画面全体が白いまま止まってしまったら、@キーを押してみよう。プログラムの実行が終了するはずだ。@キーも利かない場合、ctrl+c を押す。これでダメなら、コマンドウィンドウは見えないけれども clear screen と入力してみよう。読者が Windows ユーザーなら、ctrl と alt と delete のキーを同時に押してタスクマネージャを起動し、「PTB Onscreen window」という名のタスクを終了させてもよい。Macintosh ユーザーの最終手段は、command と option と esc のキーを押しての MATLAB 強制終了だ。また、エラーが出る場合は、章末のコラム 2 を参照してほしい。

　このプログラムで…、いや Psychtoolbox で最も重要な関数こそ Screen() だ。この関数は画面の操作に関連した複数の用途を持っており、どの用途に使うかは 1 つめのパラメータで指定する必要がある。例えば、プログラム冒頭の Screen('OpenWindow', 0); の場合、指定したディスプレイ画面全体にウィンドウを開くという用途になる。2 つめのパラメータでは、ウィンドウを開くディ

第 3 章　刺激の作成と保存

スプレイが指定されている。1 台しかディスプレイが接続されていないなら、0 をパラメータとして渡せばよい。もし、2 台のディスプレイが接続されているなら、1 か 2 を選んで渡そう。Screen('OpenWindow', 0) はウィンドウポインタを返すので、ここではそれを変数 mainWindow に格納している。ウィンドウポインタは、他の関数において特定のウィンドウを指定するのに使われる。一般に、特定の何か（ウィンドウや以下に述べるテクスチャなど）を指定するときに使われる変数のことをポインタと呼ぶ。ピンとこない？　この後の説明を読んでいけば、理解できるはずだ。

　次に、tex = Screen('MakeTexture', mainWindow, imdata); に注目しよう。1 つめのパラメータに 'MakeTexture' を渡した場合、Screen() は画像データや行列をテクスチャに変換する。テクスチャとはビデオメモリに読みこまれた画像データのことで、あらかじめ画像をテクスチャに変換しておくと、画面に素早く表示することが可能になる。2 つめのパラメータには画像を表示するウィンドウのポインタを、3 つめのパラメータには表示する画像データを渡す必要がある。このプログラムではウィンドウポインタ mainWindow と画像データ imdata がそれぞれのパラメータに渡されており、さきほど作ったウィンドウのためにカメラマンのテクスチャを作成してくれている。この関数の戻り値は作成したテクスチャのポインタで、ここでは変数 tex がそれを格納している。

　すぐ下の行では、Screen('DrawTexture', mainWindow, tex); が実行されている。1 つめのパラメータが 'DrawTexture' のとき、Screen() はウィンドウにテクスチャを描きこむ。描きこみを行うウィンドウとテクスチャの指定は、2 つめと 3 つめのパラメータに、それぞれウィンドウポインタとテクスチャポインタ（ここでは mainWIndow と tex）を渡すことで行われる。さきほど、この関数はテクスチャを描きこむと書いたが、正確には、オフスクリーンウィンドウという仮想的なウィンドウに描きこみを行っている。別の言い方をすると、コンピュータの中では描きこまれているが、実際の画面表示には反映されていないという状態になっているのだ。ミリ秒単位で時間を制御する心理学実験では重要なテクニックである。これを現実世界のディスプレイに表示するためには、もうひとつ別の手続きが必要だ。

　最終的な画面表示は、Screen('Flip', mainWindow); が行っている。Flip とは

「ひっくり返す」という意味の英単語だが、これが第 1 パラメータとして渡されたとき、Screen() はオフスクリーンウィンドウをオンスクリーンに切りかえる（つまり、実際に表示する）。オフをオンにひっくり返すわけだ。2 つめのパラメータは切りかえを行うウィンドウを指定するもので、ウィンドウポインタ（ここでは mainWindow）を受け取っている。Screen('Flip') の素晴らしさは、この切りかえがディスプレイの書き換えと同時に行われる点にある。こうしたディスプレイとの同期は、刺激提示時間や刺激強度の正確な操作に必要不可欠だ（コラム 3 参照）。当面のところ、Screen('Flip') は最終的な表示を行うと理解してくれていればよい。

プログラム最終行の Screen('CloseAll'); は、Screen() で開いた全てのウィンドウを閉じ、関連するポインタや変数の全てを消去する。Screen('CloseAll') を実行しないと、プログラムが終了してもカメラマンが表示されたままになってしまう。Screen() を使ったプログラムの最後に Screen('CloseAll') を配置しておくと様々なトラブルを予防することができるので、習慣づけておこう。

Screen('CloseAll') の前に置かれた WaitSecs() は、指定された秒数だけプログラムの実行を止める関数だ。このプログラムでは、カメラマンを表示してから Screen('CloseAll') を実行するまでに 3 秒の猶予を設けている。つまり、カメラマンを 3 秒間表示したら、プログラムを終了する。

どうかな？ MATLAB のコマンドウィンドウを離れて画面全体を操作するようになると、プログラミングをしているという実感が湧いてきただろう。次の節ではもう一歩踏み込んで、画像の作成も行うプログラムに挑戦しよう。

3.3 線画の作成と保存

ここではネッカーキューブを描いてみよう。図 3.3 に骨組みだけの立方体がある。さて、この立方体は左下に突き出しているだろうか。それとも右上に向かって突き出して見えるだろうか。しばらく見ていると、じわりと立方体の突き出す向きが変わって感じられるはずだ。そのまま見続けてみよう。すると、再び向きが変わって知覚される。これがネッカーキューブと呼ばれる有名な図形で、ネッカー教授が顕微鏡で結晶を観察しているときに発見した現象だ。奥

第 3 章 刺激の作成と保存

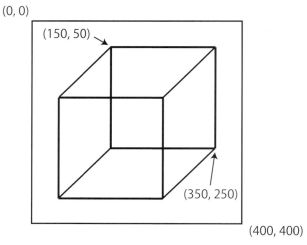

図 **3.3:** ネッカーキューブと画像における座標　(x,y) の x が横軸座標、y が縦軸座標で、単位はピクセルである。

行きの情報があいまいなために、立方体の突き出す方向が左下にも右下にも知覚できる。見え方があいまいな図形を見たとき、我々はどちらの可能性も交互に知覚してしまう。このような図形を反転図形と呼ぶ。

　では、プログラミングを開始する。いつも通り、以下のプログラムを作成して保存だ。

―――― ネッカーキューブ作成・保存プログラム ――――
```
function DrawCube()

% 画面の一部にウィンドウを開く
mainWindow = Screen('OpenWindow', 0, [0 0 0], [0 0 400 400]);

% 四角を書く
lineColor = [255 255 255];
Screen('FrameRect', mainWindow, lineColor, [150; 50; 350; 250]);
```

3.3 線画の作成と保存

```
Screen('FrameRect', mainWindow, lineColor, [50; 150; 250; 350]);

% 線をひく
Screen('DrawLine', mainWindow, lineColor, 150, 50, 50, 150);
Screen('DrawLine', mainWindow, lineColor, 350, 50, 250, 150);
Screen('DrawLine', mainWindow, lineColor, 150, 250, 50, 350);
Screen('DrawLine', mainWindow, lineColor, 350, 250, 250, 350);

% 画面に表示する
Screen('Flip', mainWindow);

% 表示した画面を記録して保存する
imdata = Screen('GetImage', mainWindow);
imwrite(imdata, 'cube.tif', 'tiff');

% 3秒待って、ウィンドウを閉じる
WaitSecs(3);
Screen('CloseAll');
```

　DrawCube; と入力して実行してみたかな？　画面左上にウィンドウが表示され、そこにネッカーキューブがあればOKだ！　また、ファイルの保存先（ドキュメントのMATLABフォルダか/Users/(ユーザーの名前)/Documents/MATLAB）に画像ファイル cube.tif があるはずだ。ファイルを開いて、ネッカーキューブが保存されていることを確認しよう。

　このプログラムでもScreen()が大活躍している。最初のScreen('OpenWindow') は ShowCameraman() でも使用したので、読者も覚えているだろう。ただし、前回は背景が白だったのに対し、今回は黒だった。さらに、画面全体のウィンドウではなく、画面左上に開く小さなウィンドウを用いた。

この違いは、Screen('OpenWindow')の3つめと4つめのパラメータによって生じている。3つめのパラメータは背景色の設定で、RGBの値（つまり、ディスプレイ表示の赤、緑、青の強さ）を受け取る。このプログラムで渡している [0 0 0] の場合には黒、[255 255 255] の場合には白となる。赤背景にしたいなら、[255 0 0] といった具合だ。RGB値の最小値は0、最大値は255なので、覚えておこう。4つめのパラメータはウィンドウサイズの設定である。画面左上隅の座標を (0, 0) としたうえで、ウィンドウの左、上、右、下の4つの座標を渡す。[0 0 400 400] とした場合、左上の座標が (0, 0)、右下の座標が (400, 400) となるようにウィンドウが作成される（図3.3）。これら2つのパラメータは、ShowCameraman() でやったように省略することもできる。省略した場合には、画面全体に白背景のウィンドウが開くことになる。

lineColor = [255 255 255]; では、RGBの値（ここでは白）を変数 lineColor に格納している。この変数は Screen('FrameRect') と Screen('DrawLine') にパラメータとして渡される。

ネッカーキューブには左下と右上にそれぞれ四角形がある。この四角形を描くために Screen('FrameRect') を使う。この関数の2つめのパラメータは描画するウィンドウを指定するもので、ウィンドウポインタを受け取る。3つめのパラメータは線の色設定で、RGB値を受け取る。ここでは、さきほどの変数 lineColor が渡されている。4つめのパラメータにおいて、描画する四角形の座標が指定される。受け取る値は配列変数である。1行目は四角形の左、2行目は上、3行目は右、4行目は下の座標をそれぞれ指している。図3.3の右上の四角形の場合、左上隅の座標が (150, 50)、右下隅の座標が (350, 250) となっており、渡す値は [150; 50; 350; 250] となる。

このプログラムでは、2つの四角形を描くために Screen('FrameRect') を2回呼び出している。分かりやすさのために2回にしたのだが、以下のように1回の呼び出しで済ますこともできる。

3.3 線画の作成と保存

表 3.1: 4 行 2 列の配列変数 rect

	1 つめの四角	2 つめの四角
左の座標	150	50
上の座標	50	150
右の座標	350	250
下の座標	250	350

rect = [150 50; 50 150; 350 250; 250 350];
Screen('FrameRect', mainWindow, lineColor, rect);

ここでは、4 つめのパラメータに 4 行 2 列の配列変数 rect を渡している。変数 rect は 2 つの四角形の座標を含む行列である（表 3.1）。例えば、rect(1, 2) は 2 つめの四角形の左の座標を指し、rect(4, 2) は 2 つめの四角形の下の座標を指す。また、この配列は 3 列以上にすることも可能で、10 個の四角形を描きたいなら、4 行 10 列の行列を渡すことになる。関数の呼び出しを少なくした方が、プログラムが短くなってかっこいい。ただ、プログラムが分かりにくくなるという側面もあるのが難しいところだ。

Screen('DrawLine') は、文字通り「線を引く」ための関数だ。ネッカーキューブには 4 本の斜め線があり、これを描くために Screen('DrawLine') も 4 回呼び出されている。Screen('DrawLine') の 2 つめと 3 つめのパラメータは、Screen('FrameRect') と同じく、描画するウィンドウと線の色を指定するためのものだ。それぞれ、ウィンドウポインタ mainWindow と変数 lineColor が渡されている。Screen('DrawLine') の 4〜7 つめまでのパラメータにおいて、線の座標が設定される。例えば、最初の Screen('DrawLine', mainWindow, lineColor, 150, 50, 50, 150); の場合、座標 (150, 50) から座標 (50, 150) へと線を引く。結果として左下への斜め線を描くことになる。Screen('DrawLine') では、このように 2 点を指定して、その間を結ぶようにして線が引かれるわけだ。

2 つの四角形と 4 本の斜め線が描画されたら、Screen('Flip', mainWindow);

を呼び出して、作成したネッカーキューブを画面に表示している。その後、ウィンドウに表示した画像データを読み込むのだが、そのために呼び出す関数がScreen('GetImage') である。この関数は、2 つめのパラメータにウィンドウポインタを渡せば、そのウィンドウの画像データを戻り値として返す。このプログラムでは、ウィンドウポインタ mainWindow が渡され、画像データは変数 imdata に格納されている。

読み込んだ画像データは MATLAB 標準関数の imwrite() を使って保存する。imwrite のパラメータは、画像データ、ファイル名、およびファイル形式の 3 つである。imwrite(imdata, 'cube.tif', 'tiff'); を実行することで、画像データ imdata が cube.tif という名前の tiff 形式ファイルとして保存される。保存が完了したら、WaitSecs(3); で 3 秒待ってから、Screen('CloseAll'); でプログラムは終了する。

3.4　その他の描画関数

DrawCube() で使用した Screen('FrameRect') と Screen('DrawLine') 以外にも、Psychtoolbox は描画用の関数を持っている。例えば、Screen('FillRect') は中を塗りつぶした四角形を描く関数だが、受け取るパラメータは Screen('FrameRect') と全く同じである。こうした Screen('FrameRect') の親戚とも言える関数を表 3.2 にあげる。また、詳細は省くが、自由に多角形を描くことのできる Screen('FramePoly') と Screen('FillPoly') という関数もある。

上記の関数は全て、2 つめのパラメータにウィンドウポインタ、3 つめのパラメータに RGB 値、4 つめのパラメータに四角形の座標を受け取る。第 1 パラメータに渡す文字列が異なるだけで、使用方法は共通している。

Screen('FrameOval') と Screen('FillOval') は円を描く関数なのに、四角形の座標を受け取る。これは不思議に思えるかもしれないが、理屈は簡単だ。これらの関数は、指定された四角形にぴったりはまるように円を描く。例えば、4 つめのパラメータに四角形の座標として [150; 50; 350; 250] を渡した場合には、その四角形に内接するように直径 200 ピクセルの円が描かれることになる（図 3.4）。長方形をパラメータとして渡すことで、楕円を描くことも可能だ。

3.5 サイン波グレーティングの作成

表 3.2: 円と四角を描く Psychtoolbox 関数

関数とパラメータ	用途
Screen('FrameRect', windowPtr, color, rect)	四角形の枠を描く。
Screen('FillRect', windowPtr, color, rect)	塗りつぶした四角形を描く。
Screen('FrameOval', windowPtr, color, rect)	円の枠を描く。
Screen('FillOval', windowPtr, color, rect)	塗りつぶした円を描く。

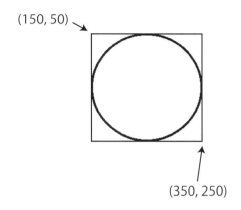

図 3.4: Screen('FrameOval') で描かれる円の例

3.5　サイン波グレーティングの作成

ここまでに説明した関数を使えば、簡単な幾何学図形は描けるだろう。しかし、基礎的な知覚実験などで使われるサイン波グレーティングを作成するには、少々複雑な計算を行う必要がある。読者は数学の授業で三角関数（サイン、コサイン、タンジェント）について勉強しているはずだ。サイン関数の値を図 3.5 左下のグラフのように表すと波になる。サイン波グレーティングとは明るさがサイン関数に従って変化するパターンのことで、ぼんやりした縞模様である（図 3.5 左上）。今度はこれに挑戦しよう。以下のプログラムを作成し、保存してほしい。

第 3 章　刺激の作成と保存

───────── サイン波グレーティング作成・保存プログラム ─────────

```
function CreateGrating(imageSize, frequency)

% グレーティングの計算
stepsize = 2 * pi / (imageSize-1);
x = -pi: stepsize: pi;
wave = sin(x.* frequency);
wave = (wave + 1)./2.* 255;
grating = repmat(wave, imageSize, 1);

% 画面の一部にウィンドウを開く
mainWindow = Screen('OpenWindow', 0, [], [0 0 imageSize imageSize]);

% テクスチャの作成と描画
tex = Screen('MakeTexture', mainWindow, grating);
Screen('DrawTexture', mainWindow, tex);

% 画面に表示する
Screen('Flip', mainWindow);

% 表示した画面を記録して保存する
imdata = Screen('GetImage', mainWindow);
imwrite(imdata, 'grating.tif', 'tiff');

% 3 秒待って、ウィンドウを閉じる
WaitSecs(3);
Screen('CloseAll');
```

うわ、何だか難しそうかな。しかし、このプログラムで新しく紹介されるテ

3.5 サイン波グレーティングの作成

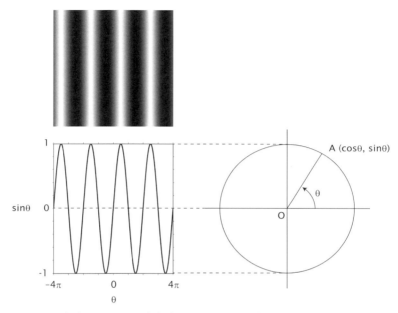

図 3.5: サイン波グレーティング（上）とサイン関数（左下） 単位円（半径1の円）上の点 A の x 座標が cosθ、y 座標が sinθ となる（右下）。θ は線分 OA と x 軸とがなす角で、単位はラジアンとする。θ が $-\pi$ ラジアン（-180度）のとき sinθ は 0、θ が $-\pi/2$ ラジアン（-90度）のとき sinθ は -1、θ が 0 ラジアン（0度）のとき sinθ は 0、θ が $\pi/2$ ラジアン（90度）のとき sinθ は 1 となる。

クニックは最初の5行だけで、後の部分は ShowCamereaman() と DrawCube() ですでに使っている。ここまで一緒に勉強してきた読者なら大丈夫、理解できるはずだ。CreateGrating() は2つのパラメータを受け取るので、コマンドウィンドウに CreateGrating(400, 4); と入力して実行してみよう。画面左上のウィンドウにグレーティングが表示され（図 3.5 上）、保存先のフォルダに grating.tif があれば問題ない。

CreateGrating() の1つめのパラメータは画像のサイズを、2つめのパラメータはサイン波の周波数を設定している。周波数とは「明るい暗い」の繰り返しが何回あるかを指す。CreateGrating(400, 4); と入力したのであれば、400×400 ピクセルの画像に、明暗の繰り返しが4回あるグレーティングを作成するこ

とを意味している。

　さて、高校で習った数学を思い出してほしい。サイン関数で角度を指定する際にラジアンを使っただろう。円の 1 周 360 度は、2π（パイ、pi）ラジアンに対応する。MATLAB でサイン波を計算するためには、マイナス 1π からプラス 1π までの配列変数を作る必要がある。最初の 2 行で、この計算が行われており、stepsize = 2 * pi / (imageSize - 1); がまず実行されている。この計算は、円の一周 2π ラジアンを画像の横幅 (imageSize - 1) で割り、その値を変数 stepsize に格納している。ここで imagesize から 1 を引いているのは、ピクセルの境目の数を計算するためである。横幅 400 ピクセルなら、ピクセルが隣接している箇所は 399 となる。そして、x = -pi: stepsize: pi; は、円の 1 周、マイナス 1π からプラス 1π までを stepsize 刻みで増加する行列を作成し、変数 x に格納する。x は 1 行 400 列の配列変数となる。

　MATLAB では一定間隔で増減する配列変数を作成する際、このようにコロン（:）を使用する。x = a: b: c; と入力すると、変数 x は a から c まで b の間隔で増加する配列変数となる。例えば、x = 2: 2: 10; は x = [2 4 6 8 10]; と同じ配列変数を作成する。b にマイナスの値を入れることで、一定間隔で減少していく配列変数を作ることも可能だ。

　プログラム中の変数 x はマイナス 1π からプラス 1π まで緩やかに値が変化する行列であるが、これを角度に応じた正弦値（サイン関数の値）を返す関数 sin() に渡す。プログラム中の wave = sin(x.* frequency); がそれだ。このとき、変数 x に変数 frequency をかけることで、サイン波の繰り返し回数を設定している。frequency が 1 であれば、入力はマイナス 1π からプラス 1π まで変動する。frequency が 4 であれば、入力はマイナス 4π からプラス 4π まで変動する。つまり、frequency は点 A が単位円上を何回転するかを設定している（図 3.5 右下）。プラス 1 の値が最高輝度（白）でマイナス 1 の値が最低輝度（黒）となる。単位円上の点 A の y 座標が $\sin\theta$ の値なので、点 A が単位円上を何回転するかはグレーティングの明暗の繰り返しが何回あるかに対応する（図 3.5 左下）。frequency が 4 で、sin() の入力がマイナス 4π からプラス 4π まで変動する場合、図 3.5 上のグレーティングのように白黒白黒白黒白黒と 4 組の縞ができあがる。こうした明るさの増減を表した行列が配列変数 wave に格納される。

Psychtoolbox では明るさや RGB 値の最小値は 0、最大値は 255 とされている。一方、サイン関数はマイナス 1 からプラス 1 までの間を変動するので、これを 0 から 255 の間を変動するように変換しなくてはならない。その計算を wave = (wave + 1)./ 2.* 255; が行っている。wave + 1 で変動幅を 0 から 2 までに変換し、さらに 2 で割ることで変動幅を 0 から 1 までとする。それに 255 をかけると、変動幅が 0 から 255 までになるわけだ。

　作成する画像は imageSize × imageSize ピクセル（imageSize が 400 なら 400 × 400 ピクセル）のサイズにしたいと考えている。wave は 1 行 imageSize 列の行列なので、これをコピーして imageSize 行 imageSize 列の行列を作らなくてはならない。MATLAB は、行列をコピーするのに便利な関数を提供してくれている。repmat() がそれだ（おそらく repmat は repeat matrix の略であると思われる）。grating = repmat(wave, imageSize, 1); は、wave を imageSize 行繰り返すことで、imageSize 行 imageSize 列の行列を作成し、それを配列変数 grating に格納している。この配列変数 grating が、カメラマン画像と同じくテクスチャの材料となる。

　OK。これで、難しい部分は終了だ。あとは、ShowCameraman() でやったように、Screen('OpenWindow') でウィンドウを作成し、Screen('MakeTexture') でテクスチャを作り、Screen('DrawTexture') で描画し、Screen('Flip') で画面に表示する。ShowCameraman() と異なるのは、Screen('OpenWindow') で 3 つめのパラメータを省略し（どうせ背景はグレーティングに塗りつぶされる）、4 つめのパラメータで開くウィンドウのサイズを imageSize に設定している点だ。また、Screen('MakeTexture') において、さきほど作成した grating を画像データとして渡している。そして、DrawCube() と同じく、Screen('GetImage') でウィンドウ内の画像をコピーし、imwrite() を使って画像を保存している。ファイル名は、ちゃんと grating.tif に変えてある。

3.6　次は？

　すごいぞ！　ウィンドウを開くことができるし、絵を描いて表示し、さらに保存までできる。

第 3 章 刺激の作成と保存

Screen() を使いこなすようになった今、本格的な実験プログラミングへの道が拓けた。次章からは、実験参加者の反応を測定する心理学実験を組み上げていこう。

コラム 2　ビックリマーク！

Psychtoolbox を使ったプログラムを実行したとき、

── ! PTB - ERROR: SYNCHRONIZATION FAILURE ! ──

と表示され、プログラムが停止することがある。Psychtoolbox は Screen('OpenWindow') が実行されたときに正確に刺激提示を行うことができるかどうか（ディスプレイに同期して提示できるか）をテストするのだが、上記のメッセージはこのテストに失敗したことを示している。原因はいくつか考えられるけれども、ビデオカードの性能が低いときに起こることが多いようだ。その場合、読者のパソコンは研究レベルの実験を行うのに適していない。もっと性能の良いものを使う必要がある。パソコンの設定変更によって解決することもあるようだ。英語の長文になるけれども、コマンドウィンドウに help synctrouble と入力すれば開発者からのアドバイスが表示される。

　この問題の解決法は個々のパソコンによって異なるが、プログラミングの練習をするだけであるのなら簡単な方法がある。Screen('OpenWindow') の前に Screen('Preference', 'SkipSyncTests', 1); を挿入することで、問題のテストをスキップできるのだ。ただ、これは正確な刺激提示が保証されないことを意味しており、この状態で研究を目的とした実験を行ってはならない。とりあえず、プログラムの動作を確認するだけなら OK だ。

コラム 3　ディスプレイとの同期

　1 枚の絵のように見えているディスプレイであるが、実際には画面の上から下へと順番に高速で書き換えられている。ディスプレイの設定を行ったことのある読者は、リフレッシュレートとか 60 Hz といった項目を見たことがあるかもしれない。リフレッシュレートとは画面を書き換える頻度のことで、1 回の書き換えで表示される画面はフレームと呼ばれている。リフレッシュレートが 60 Hz であれば、1 秒間に 60 フレーム表示される（60 回の書き換えが行われる）ことを意味する。

　視覚刺激を瞬間提示する心理学実験において、画面書き換えの途中で提示が実行されると困ったことが起こる。例えば、画面に円を

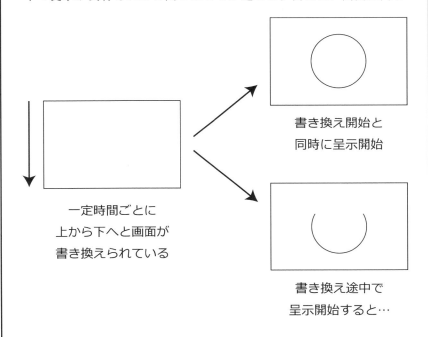

1フレームだけ提示したいとする。しかし、刺激提示の命令が書き換え途中に実行されると円の一部しか画面に表示されない。正確に刺激を提示するために必要なのは、画面の書き換え開始と同時に刺激提示の命令を実行することである。これがディスプレイとの同期（synchronization）と呼ばれている。

Psychtoolbox の Screen('Flip') は、次の画面書き換えの開始にあわせて刺激提示を始めるので、こうした問題を解決してくれる。

第4章 刺激の提示と反応時間の取得

4.1 心理学における実験とは？

 さて、ここまでの章で読者は基礎的なプログラミングテクニックを学んできた。読者は関数、変数、ループ、条件分岐を理解し、テキストファイルへの保存、画像の作成、表示、保存ができるようになったはずだ。本章ではこれらのテクニックを活用して心理学実験のプログラミングを学ぶが、その前に心理学における実験の意義について簡潔に述べておきたい。もし、とにかく早くプログラミングをしたいと考えているなら、本節はとばして「4.2 ネッカーキューブの実験」まで進んでもらっても構わない。

心理学実験の意義：心の働きの真実を明らかにする
 心理学においてなぜ実験が行われるのだろうか。それは、我々が「当たり前」と思っていることが、しばしば真実ではないからである。例えば自動車を運転する時のことを考えてみてほしい。まだ免許を持っていない読者はテレビゲームや自転車を運転する時のことでもいい。あなたはハンドルを握り、しっかり前を向いて自分の進行方向、右や左、そして時には後ろを確認して、信号や歩行者、周りの車の動きを認識し、安全運転を心がけているとしよう。そのように目を向けている景色に何かとんでもない変化、例えば木の色が変わったり、さっきまで建っていた建物が消えたり、突然道が増えたりしたら、もちろん自分はそれに気がつくはずだと考えるだろう。

 目を向けていれば変化に気がつくはず、これは多くの人が抱いている「当たり前」の感覚だ。この例に限らず、私たちは色々な事象、現象について直

第 4 章 刺激の提示と反応時間の取得

図 4.1: 変化盲の実験（Simons & Levin, 1998）　右側の人物が道を教えている途中で左側の人物が入れ替わる。右下の写真は入れ替わった 2 人。

感のような、「当然こうだろう」という感覚を持っている。しかしこの「当たり前」の感覚が間違っていることが心理学実験では明らかにされる。例えば、Simons & Levin (1998) が行った実験は、予想以上に人は変化に鈍感であることを示している。

　大学の構内に道に迷った男性がいる。この人物は実は実験の協力者（サクラとか仕込みとも呼べる）だ。協力者は迷子のふりをして、たまたま道を通りかかった人に地図を見せながら道を尋ねる。このたまたま通りかかった人が実験参加者となる（実験であったことはあとから知らされる）。尋ねられた実験参加者は親切に目的地までの道筋を教えてくれるのだが（図4.1 左上）、そこに大きな板を持った二人組が通りかかり、協力者と参加者の間を通って行く（図4.1 右上）。この無礼な二人組も実験に協力している人たちで、実験参加者の視界を大きな板で塞いでいる間に、道を尋ねていた人が別人と入れ替わってしまう。話していた相手が別人に入れ替わって気がつかない訳がないと思うだろう。しかし実験の結果によれば、なんと半数以上の人が入れ替わりに気がつか

4.1 心理学における実験とは？

図 4.2: 変化盲の実験　写真 1

ないで説明を続けたのだ（図 4.1 左下）。

いや、自分なら気がつかないはずがない、という人のために紙面上で一つ実験をやることにしよう。まず図 4.2 の写真をよく見てほしい。次にページをめくって図 4.3 の写真を見る。なんどかパラパラと二つの画像を見比べてみよう。二つの画像には違いがあるのだが、わかっただろうか。

横に 2 つ並べてみれば明確なのだが、犬の首元の模様が異なっている。しかしこの画像をページをめくって交互にみても、なかなか違いに気がつくことができない。こうした現象はチェンジブラインドネス（変化盲）と呼ばれている（Rensink, O'Regan & Clark, 1997）。本章の 4.4 節でチェンジブラインドネスの実験をプログラムするので、友だちや家族に試してみよう。

突然話しかけてきた見知らぬ男性、違いがあると知らされてよく見たはずの犬の模様。こうした目を向けているはずの変化に、人々は気づくことができなかった。目を向けていれば気がつくはず、その当たり前の感覚が間違っていることをチェンジブラインドネスの実験は示している。このように巧妙に計画された心理学実験が、私たちが普段は認識できない心の働きの真実を明らかにしてくれるのである。

第 4 章 刺激の提示と反応時間の取得

図 **4.3:** 変化盲の実験　写真 2

心理学実験の組み立て方：因果関係を探る

　多くの場合、心理学実験はあらかじめ原因と結果の関係を予測して実施される。たとえば先ほど紹介したチェンジブラインドネスの研究は、変化に対する気がつきにくさを通して人間の視覚的注意の働き方を探る研究である。ここで、犬好きの人は犬に注意が向きやすく、変化に気がつきやすいという仮説を立てるとしよう。「犬好き群」「犬が嫌い群」「好きでも嫌いでもない群」を用意し、それぞれの群の人たちが犬の模様の変化に気づく割合や気づくまでの時間を調べてみる。この実験で、人が注意を向ける際に好きなものを優先するのか、嫌いなものを優先するのかということを明らかにできるかもしれない。このように、ある心の働きについて仮説を立て、原因と考えられる要因を操作し、心の反応が予測通りに変化するかどうかを検討することで、心理学実験は事象の因果関係、つまり原因と結果の関係を正しく突き止めて、心の働く仕組みを明らかにするのである。

心理学実験が測るもの：心を測るとは

　心理学実験では、要因を操作し、結果としての心の反応がどのように変化す

るかを検討すると述べた。この「心の反応」とはなんだろうか。どのように測定するものなのだろうか。たとえば身長という物理的な対象ならば、メジャーを持ってきてあなたの足下を基準にして頭のてっぺんまでメジャーをぴっと伸ばし、そこにかかれた目盛りを読み取ればよい。しかし心は物理的な世界には存在しないので、見たり触ったり長さを測ったりすることはできない。心理学実験で測るのはどのように見えるのか、どのように感じるのか、どのように思うのか、このような主観的な内容が中心だ。そしていかに主観的な対象を客観的に測定するのかが心理学実験の重要なところになる。

例えば図 4.4 のミュラーリヤーの錯視図形を見てみよう。この錯視では下の横線の方が長く見えるが、実際には 2 本の横線は物理的には同じ長さだ。では、どの程度この線の長さは違って見えるだろうか。この主観的な長さの違いを明らかにするには、もう一本の横線を用意して、錯視図形の横線と同じ長さに見えるように横線の長さを調整してもらうとよい。錯視図形の横線と調節した横線の長さの差が、「長く見える」という主観的な感覚を客観的に表現できる量となるだろう。

また、図 4.5 のカニッツァの三角形を見てみよう。カニッツァの三角形では、中央の三角形が背景よりも明るく浮かび上がって見えるが、実際には同じ明るさだ。ではどの程度明るく見えるだろうか。この場合には、隣に明るさを調整できる三角形を用意して、カニッツァの三角形と同じ明るさに見えるように調整してもらえばいい。カニッツァの三角形の明るさと、調整した三角形の明るさを比較すれば、主観的な明るさの差を客観的な数値にできるだろう。

このように心理学実験では感じている明るさや長さ、見えやすさや気づきやすさといった主観的なものを、客観的な量として測るのである。具体的には調整した長さや明るさ、正答率、反応時間、閾値（知覚できる最も小さな物理量）などが計測値となる。

さあ実験してみよう

我々は自分や他人の心や行動を観察することで、この社会に適応して暮らしている。だから心理学の研究はどんな人でも素朴な疑問から始めることができる。例えば、目鼻口の基本的な配置はどの人も同じなのに、なぜ友人たちの顔

第 4 章　刺激の提示と反応時間の取得

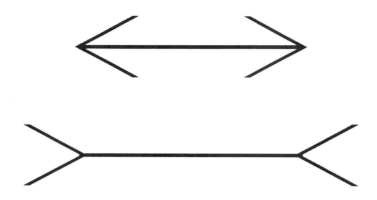

図 4.4: ミューラーリヤーの錯視

図 4.5: カニッツァの三角形

を見分けることができるのだろう。一方で、違う人種の人はみんな同じ顔に見えてしまうのはなぜなのか。ザワザワと騒がしい飲み会でも、遠くで誰かが自分の名前を口にしているとすぐに気づけるのはどうしてか。時には当たり前すぎてそこに問題が隠されていることに気がつかない場合もある。

　このような疑問を明らかにしたいとき、我々は観察を繰り返し、色々と考える。しかし多くの場合は答えが出ないので、問いをそのままにしていたり、始めからなんの疑問も抱かずに過ごしている。結局のところ、我々は「なぜか」の仕組みを知らなくても、待ち合わせで友人を見つけることができるし、名前を呼びかけられればすぐに気づけるのだ。それでも人々の心の仕組みが気になってしまったなら、そのときはぜひ実験をしてみよう。

4.2　ネッカーキューブの実験：刺激提示と反応時間の測定

　ではさっそく実験プログラムの作成だ。第 3 章で作成した反転図形を提示して、反転するまでの時間を取得するプログラムを作ってみよう。このプログラムの内容から、画像の読み込みと提示、反応時間の取得方法について学ぶ。

　次のプログラムをさっそく打ち込んでほしい。なお、第 3 章で作成したネッカーキューブの画像（cube.tif）をネッカーキューブのプログラムと同じフォルダに保存しておくことが必要だ。

―――――――― ネッカーキューブのプログラム ――――――――

```
%名前の設定
function ResponseCube()

%反応用キー設定
KbName('UnifyKeyNames');
spaceKey = KbName('space');

%実験用ウィンドウの用意
mainWindow = Screen('OpenWindow', 0);
```

第 4 章　刺激の提示と反応時間の取得

```
Screen('Flip', mainWindow);

%刺激の読み込み
imdata = imread('cube.tif');
tex = Screen('MakeTexture', mainWindow, imdata);

%刺激の提示
Screen('DrawTexture', mainWindow, tex);
Screen('Flip', mainWindow);

%提示開始時間取得
start = GetSecs;

%反応待機
keyOn = 0;
while keyOn == 0
    [keyIsDown, secs, keycode] = KbCheck;
    if keycode(spaceKey)
        keyOn = 1;
    end
end

%反応時間の算出と表示
rt = round((secs-start)*1000);

fprintf(1, 'RT: %d ￥n', rt);

%終了
Screen('CloseAll');
```

さあ、うまく動いただろうか。ネッカーキューブの画像が提示されているはずだ。反転したらスペースキーを押してみよう。画面が消え、コマンドウィンドウに反転までにかかった時間がミリ秒単位で提示されているのを確認してほしい。

エラーで止まってしまったら、エラーの内容や場所をコマンドウィンドウで確認してプログラムを直す必要がある。

では上から解説していこう。

名前の設定

プログラムの名前は ResponseCube と設定する。

```
function ResponseCube()
```

反応用キー設定

この実験では反応にスペースキーを使う。コンピュータのキーボードのキーにはそれぞれ番号（キーコード）が割り振られている。この番号は OS によって異なる。例えば Windows ではスペースキーのキーコードは 32 だが、Mac OS では 16 だったりする。いちいちキーコードを調べてプログラムに記載するのは面倒だしエラーの元だ。そこで KbName('UnifyKeyNames') を使って、どのような OS であっても同じキーコードで呼び出せるようにしておこう。次に KbName('キーの名前') で任意のキーのキーコードを呼び出し、変数に渡す。このとき変数の名前をキーの名前と同じにしておけば、キーコード何番かということを考えなくても、キーの名前だけでプログラムを書いて行くことができるのだ。ここでは KbName('space') を使うことでスペースキーのキーコードが spaceKey という変数に入力されることになる。

第 4 章　刺激の提示と反応時間の取得

```
KbName('UnifyKeyNames');
spaceKey = KbName('space');
```

　なおキーの名前を入れてキーコードを知りたいときには、シングルコーテーションでキーの名前を囲う必要がある。反対にキーコードを入れてどのキーか知りたいときには、シングルコーテーションで囲わずに数字を入れればよい。

```
スペースのキーコードが知りたいとき：
KbName('space');
キーコード 44 のキーの名前が知りたいとき：
KbName(44);
```

刺激の提示

```
Screen('DrawTexture', mainWindow, tex);
Screen('Flip', mainWindow);
```

　ここは第 3 章の ShowCameraman と同じだ。48 ページをもう一度確認しておこう。

提示開始時間取得

　関数 GetSecs は、現在の時間を秒単位（マイクロ秒の精度）で取得する関数だ。リアルタイムクロック（コンピュータのマザーボード上に実装されているクロック）の情報を利用している。プログラムでは start 変数に現在の時刻を代入している。これを刺激提示の直後に入れておくことで、変数 start に入ってい

る時間を、刺激提示開始時間と見なすことができる。

```
start = GetSecs;
```

反応待機

指定されたキー（スペースキー）が押されたらwhile文のループを抜けるようにしている。ループに入る前に、指定されたキーが押されたかの判断に用いる変数keyOnに0を入れておこう。

```
keyOn = 0;
```

ではwhile文の中身、すなわち繰り返す部分を見てみよう。

反応キーのチェックには関数KbCheck()を使う。関数KbCheck()は、関数が呼び出された瞬間に、何かキーボードのキーが押されているかどうかをチェックする関数だ。「押されたかどうか、押された時刻、押されたキーのキーコード」を左辺に指定した変数にそれぞれ代入する命令である。ここでは、変数keyIsDownにキーが押されたかどうか（押されると1、押されない間は0が代入されている）、変数secsに押された時刻、変数keycodeに押されたキーのキーコードが代入されるようになっている。このkeycodeが少しややこしい。関数KbCheck()では、何のキーが押されたかの情報を1つの数字ではなく、1×256の配列変数の形で記録する。この256という数は各キーコードに対応しており、関数KbCheck()が呼ばれたときに何かキーが押されていると、押されたキーのキーコードに対応するところに1が代入される。例えば、スペースのキーコードはWindowsの場合は32であるが（MacOSでは44）、スペースキーが押されていればkeycode(32)は1、押されていなければ0となるのだ。

第4章　刺激の提示と反応時間の取得

[keyIsDown, secs, keycode] = KbCheck;

　ここでは、押されたキーのキーコードが事前に設定したスペースのキーコード（変数 spaceKey 内に格納されている）と一致したら、すなわちスペースキーが押されたら、変数 keyOn に 1 を入れるようにしてある。

---

if keycode(spaceKey)
　　　keyOn == 1;
end

　これで、スペースが押された場合のみ、while 文のループを抜ける。

反応時間算出と表示
　最後は、反応時間の算出と表示だ。

---

rt = round((secs-start)*1000);
fprintf(1, 'RT: %d　￥n', rt);

　スペースキーを押して while 文を抜けて来ているので、変数 secs には KbCheck で代入された、スペースキーを押した時刻が入っているはずだ。これを用いて、刺激が提示されてからスペースキーが押されるまでの時間を算出することができる。
　刺激を提示する直前に関数 GetSecs で変数 start に時刻を入力したことを思い出そう。スペースキーを押した直後の時刻と刺激を提示する直前の時刻の差

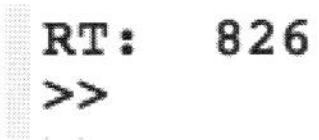

```
RT:    826
>>
```

図 **4.6:** 反転までにかかった時間の提示

を計算して（secs-start）刺激提示から刺激反転までの反応時間として変数 rt に代入する。ただしそのままでは反応時間が秒単位でわかりにくい。1000 倍してミリ秒単位にし、関数 round() で整数に丸め処理をしておこう。

さらに、関数 fprintf() を使って、コマンドウィンドウに反応時間を提示しておこう。スクリーンが閉じてコマンドウィンドウに戻ると、変数 rt の中身が表示されているはずだ。これがネッカーキューブの反転にかかったミリ秒単位での時間になる。

4.3 待機画面を設け、注視点を提示する

これで、刺激を提示して反応を取得し、反応にかかった時間も算出することができた。しかし実験をするにはまだいくつか問題点がある。まず、プログラムを実行するとすぐに刺激が提示されてしまうので、参加者が刺激を見始めたのがいつなのかが特定できない。さらに、参加者が最初にどこを見ているかによって、反転までの時間は変わってしまう可能性がある。たとえばキューブの左端に注目していると左上に飛び出して見えやすいことなどが知られている。

そこで、刺激提示前にビープ音をならして画面中央に注視点を 3 秒提示して、観察を開始するタイミングと位置がどの実験参加者でも同じになるようにそろえよう。さらに最後に、反転までにかかった時間が画面上に提示されるようにしてみよう。

第4章 刺激の提示と反応時間の取得

ネッカーキューブの実験プログラム：最終版

──────── ネッカーキューブのプログラム ────────

```
%名前の設定
function ResponseCube2()

%反応用キー設定
KbName('UnifyKeyNames');
spaceKey = KbName('space');

%刺激提示ウインドウの用意と座標設定
[mainWindow, wRect] = Screen('OpenWindow', 0);
[xcenter, ycenter] = RectCenter(wRect);
fixposition = [xcenter-10 ycenter-10 xcenter+10 ycenter+10];
Screen('TextSize', mainWindow, 36);

%色情報を変数に用意
black = [0 0 0];
white = [255 255 255];

%刺激読み込み
imdata = imread('cube.tif');
tex = Screen('MakeTexture', mainWindow, imdata);

%最初の画面提示
Screen('DrawText', mainWindow, 'Start', xcenter, ycenter, black);
Screen('Flip', mainWindow);
HideCursor;

%スペースキーを2回押すと先に進み注視点を提示する
SpaceTwice;
```

4.3 待機画面を設け、注視点を提示する

```
Screen('FillRect', mainWindow, white);
Screen('FillOval', mainWindow, black, fixposition);
Screen('Flip', mainWindow);
Beeper;
WaitSecs(3);

%刺激の提示と刺激提示開始時間の記録
Screen('DrawTexture', mainWindow, tex);
start = GetSecs;
Screen('Flip', mainWindow);

%刺激を提示したまま反応待機
keyOn = 0;
while keyOn == 0
    [keyIsDown, secs, keycode] = KbCheck;
    if keycode(spaceKey)
        keyOn = 1;
    end
end

%反応時間算出
rt = round((secs-start)*1000);

%画面の消去と終了
Screen('FillRect', mainWindow, white);
Screen('DrawText',mainWindow,[num2str(rt) 'msec'],xcenter,ycenter,black);
Screen('Flip', mainWindow);
Waitsecs(3);

ShowCursor;
```

第 4 章　刺激の提示と反応時間の取得

```
Screen('CloseAll');
```

　このプログラムを動作させるには、84 ページ記載の SpaceTwice() 関数を事前に作成、保存する必要がある。では上から順番に、新しく加わった部分を解説していこう。

刺激提示ウィンドウ用の座標設定
　実験では基本的にモニタ全体を刺激提示領域とする。Screen('OpenWindow') で刺激提示スクリーンを開くと同時にその大きさを取得しよう。このプログラムの場合、wRect という変数にスクリーンの大きさが左上 x 座標、y 座標、右下 x 座標、y 座標の順番で代入される。

```
[mainWindow, wRect] = Screen('OpenWindow', 0);
```

　次に刺激を提示するウィンドウの中央の座標を、xcenter と ycenter に入力しておこう。RectCenter() は四角形の中心座標を返す関数だ。

```
[xcenter, ycenter] = RectCenter(wRect);
```

　さらに注視点の場所を決めておこう。注視点として今回は円を描く。この円を描画する領域の左上と右下の座標を、fixposition という変数に［左上 x 座標　左上 y 座標　右下 x 座標　右下 y 座標］の順番で入力する。中心から半径 10 ピクセルの円にするので、中心からそれぞれマイナス 10 ピクセル、プラス 10 ピクセルの位置になる。図 4.7 は 1024 ピクセル × 768 ピクセルのディスプレイの例だ。

4.3 待機画面を設け、注視点を提示する

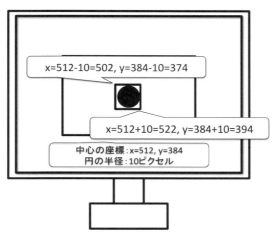

図 4.7: 注視点を提示する場所

---

fixposition = [xcenter-10 ycenter-10 xcenter+10 ycenter+10];

文字の大きさを設定する

次に文字の大きさを設定する。休憩の指示など、実験中に直接文字列で実験参加者に指示を出すことも多い。参加者が見やすい大きさに文字を設定しておこう。書き方は次の通りだ。

Screen('TextSize', ウィンドウ番号, フォントの大きさ);

ここでは 36 ポイントに設定しよう。

第 4 章　刺激の提示と反応時間の取得

```
Screen('TextSize', mainWindow, 36);
```

色情報を変数に用意

　ここで色の情報を変数に代入して設定しておこう。これは、後からプログラムを書く時にわかりやすくするためだ。第 3 章で述べたように色の指定は RGB で行なう。この例題プログラムでは黒と白を使用する。黒はすべての色成分が 0 になるので、black という変数に [0 0 0] と入れよう。

```
black = [0 0 0];
```

　一方、白はすべての色成分が最大輝度の 255 になるので、white という変数に [255 255 255] と入れよう。

```
white = [255 255 255];
```

刺激の読み込み

　これは ResponseCube と同じだ。

最初の画面提示

　はじめに Start と画面に提示しよう。Screen('DrawText') を使って中心位置を先頭にして Start と黒で書く（図 4.8）。

```
Screen('DrawText', mainWindow, 'Start', xcenter, ycenter, black);
```

4.3 待機画面を設け、注視点を提示する

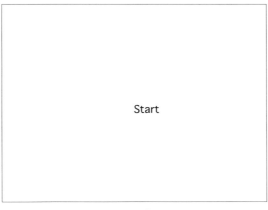

図 4.8: 待機画面

```
Screen('Flip', mainWindow);
```

ここでマウスのカーソルを消しておこう。実験の邪魔になってしまうからだ。

```
HideCursor;
```

スペースキーを 2 回押すと先に進むようにする

参加者が間違って実験を先に進めないように、スペースキーを 2 回押すと実験が始まるようにしておこう。

この「スペースを 2 回押すまで待機する」という命令は、これからも何度か使うことになるだろう。その度に命令群を書くのはちょっと面倒だ。そこでこの命令群だけを「SpaceTwice.m」という関数ファイルにしてプログラムと一緒の場所においておこう。そうすれば実験プログラムの中で SpaceTwice と

第 4 章　刺激の提示と反応時間の取得

書くだけで SpaceTwice.m の内容が呼び出されるのだ。

─────────────── SpaceTwice.m ───────────────
```
function SpaceTwice()
keycheck = 0;
KbName('UnifykeyNames');
spaceKey = KbName('space')
while (keycheck<2)
    [keyIsDown, secs, keycode] = KbCheck;
    if keycode(spaceKey)
        keycheck = keycheck+1
        WaitSecs(0.5);
    end
end
```

　特定のキー、ここではスペースキーの入力を待つには、反応キーの待機でも用いた関数 while と関数 KbCheck() を使う。
　まず変数 keycheck に 0 を入れて用意しておく。次に while 文でループを開始する。このループは変数 keycheck が 2 以上になると抜けることになる。while のループ内では変数 KbCheck を使ってどのキーが押されたかを見張っている。KbCheck で監視中に何かキーが押されたら、keyIsDown という変数に 1 が入力される。この変数をキーが押されたかどうかの判断にも使えるのだが、ここではスペースが 2 回押された場合のみ次に進むようにしたい。押されたキーの内容は keycode に入力されるので、この keycode がスペースのキーコード（事前に定義しておいた）だったら、変数 keycheck に 1 を足す。2 回スペースを押すと、keycheck には 2 が入ることになり、この時点で while のループを脱出するようにしている。ただし、スペースを長く押しているとそれで 2 回以上と数えられてしまうことがある。関数 WaitSecs() を使って 100 ミリ秒待機時間を入れておくことでそれを防いでいる。

4.3 待機画面を設け、注視点を提示する

スペースが 2 回押されたら、Start という文字を消すために、Screen の関数 FillRect() を使ってウィンドウ全体を白で塗りつぶしておこう。

```
Screen('FillRect', mainWindow, white);
Screen('Flip', mainWindow);
```

注視点とビープ音を提示する

注視点を提示しよう。Screen('FillOval') を使って、fixposition で指定している領域に黒い丸を描画する（図 4.9）。

```
Screen('FillOval', mainWindow, black, fixposition);
Screen('Flip', mainWindow);
Beeper;
```

Screen('FillOval') は指定した大きさの四角に内接する円を描画する命令だ。座標については図 3.4 や図 4.7 を見てほしい。

```
Screen('FillOval', ウィンドウ番号, 色, [左上 x 座標 左上 y 座標 右下 x 座標 右下 y 座標]);
```

Beeper はビープ音を鳴らす関数で、パラメータに周波数を渡すことができる。何も指定しなければ 400 ヘルツの高さの音が鳴ることになる。注視点と音で、刺激提示前に参加者の注意を引きつけておこう。

```
Beeper(周波数);
```

関数 WaitSecs() を使って、3 秒そのまま待機する。

第 4 章 刺激の提示と反応時間の取得

図 4.9: 注視点

```
WaitSecs(3);
```

画面の消去と終了

　反応を取得したら刺激を消し、反転までにかかった時間を提示して 3 秒待機し、ウィンドウを閉じよう。

```
Screen('FillRect', mainWindow, white);
Screen('DrawText',mainWindow,[num2str(rt) ' msec'],xcenter,ycenter,black);
Screen('Flip', mainWindow);
```

関数 Waitsecs() を使って 3 秒待機する。

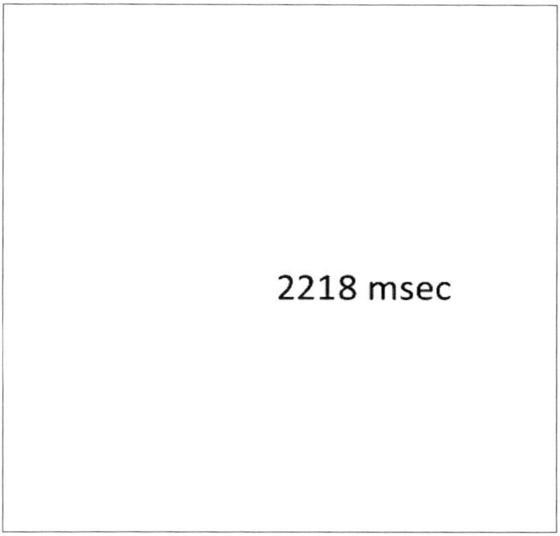

4.3 待機画面を設け、注視点を提示する

```
2218 msec
```

図 **4.10:** 結果の表示

```
WaitSecs(3);
```

消していたマウスのカーソルを元に戻そう。

```
ShowCursor;
```

関数 Screen('CloseAll') を使って、開いているウィンドウをすべて閉じよう。実験終了だ。

第 4 章　刺激の提示と反応時間の取得

```
Screen( 'CloseAll' );
```

　これで刺激を提示して、反応時間を取得することができた。うまくいっただろうか。エラーが出たら、エラーメッセージをよく確認して間違いがないかを見直してみよう。一番多い間違いはスペルミスだ。大文字小文字の間違いなど、よく探そう。

4.4　チェンジブラインドネスの実験：刺激を切り替えながら反応時間を取得する

　反転図形の実験プログラムは無事に動いただろうか。いま作ったプログラムは、反応があるまでずっと刺激が提示され続けていた。しかし、実験によっては反応がある前に刺激を切り替えたり、刺激を消したりするものもある。その場合には反応を待ちながら刺激の提示を制御できるプログラムを用意しなければならない。

　そこで次に、この章の始めに紹介したチェンジブラインドネスの実験を作ることにする。この実験では反応を待ちながら画像を切り替える必要がある。

刺激画像の用意

　フォルダを作成して刺激画像を保存しておく必要がある。刺激画像は本書のウェブページからダウンロードしてこよう。名前は CB1.jpg と CB2.jpg のままにしておくこと。もし画像の加工が自分でできるようだったら、ぜひ自分で刺激を作ってみてほしい。

刺激を提示して反応を待つ

　次のプログラムを実行すると、2 枚の画像が黒い画面を挟みながら切り替わる。そしてスペースキーが押されると、反応時間を返す。早速打ち込んでみよう。

4.4 チェンジブラインドネスの実験：刺激を切り替えながら反応時間を取得する

──────── チェンジブラインドネス実験のプログラム ────────

```
%名前をつける
function ChangeBlindness()

%反応用キー設定
KbName('UnifyKeyNames');
spaceKey = KbName('space');

%色情報を変数に用意
black = [0 0 0];
white = [255 255 255];

%刺激提示ウインドウの用意と座標設定
[mainWindow, wRect] = Screen('OpenWindow', 0, black);
[xcenter, ycenter] = RectCenter(wRect);
Screen('TextSize', mainWindow, 36);

%画像の読み込み
for i = 1:2
    imagefilename = ['CB' num2str(i) '.jpg'];
    stimulus = imread(imagefilename);
    tex(i) = Screen('MakeTexture', mainWindow, stimulus);
end

%最初の画面提示：Start
Screen('DrawText', mainWindow, 'Start', xcenter, ycenter, white);
Screen('Flip', mainWindow);
HideCursor;
```

第4章　刺激の提示と反応時間の取得

```
SpaceTwice;

Screen('FillRect', mainWindow,black);
Screen('Flip', mainWindow);

%刺激提示開始
count = 0;
keyOn = 0;
trialstart = GetSecs;
while keyOn == 0
count = count+1;
%提示する刺激画像を決める
    if mod(count,2) == 1
        image = 1;
    else
        image = 2;
    end

%刺激を提示する
    Screen('DrawTexture', mainWindow, tex(image));
    Screen('Flip', mainWindow);
    time = 0;
    start = GetSecs;

%反応をチェックする：絵が出ているとき
    while time<1&&keyOn == 0
        time = GetSecs-start;
        [keyIsDown, secs, keycode] = KbCheck;
        if keycode(spaceKey)
            keyOn = 1;
```

4.4 チェンジブラインドネスの実験：刺激を切り替えながら反応時間を取得する

```
            end
        end

%黒い画面を提示する
    Screen('FillRect', mainWindow, black);
    Screen('Flip', mainWindow);
    time = 0;
    start = GetSecs;

%反応をチェックする：黒い画面のとき
    while time<1 && keyOn == 0
        time = GetSecs-start;
        [keyIsDown, secs, keycode] = KbCheck;
        if keycode(spaceKey)
            keyOn = 1;
        end
    end
end

%反応時間算出
rt = round(secs-trialstart)

%終了：変化に気がつくまでの時間を提示して3秒待機し閉じる
Screen('DrawText',mainWindow,[num2str(rt) 'sec'],xcenter,ycenter,white);
Screen('Flip', mainWindow);
WaitSecs(3);
ShowCursor;
Screen('CloseAll');
```

第4章 刺激の提示と反応時間の取得

プログラムを実行してみよう。2枚の画像が黒い画面を挟みながら1秒ずつで切り替わって行くはずだ。2枚の画像の違いに気がついたらスペースキーを押す。すると、刺激提示開始から変化に気がつくまでの秒数が提示される。さて、無事に動いただろうか。そして違いに気がつくことができただろうか。

プログラムの大部分はネッカーキューブの実験と同じだ。ここでは、2つの刺激の読み込み、提示する画像の決定、刺激画像を切り替えながら反応を待機する部分について説明しよう。

2つの刺激の読み込み

```
for i = 1:2
    imagefilename = ['CB' num2str(i) '.jpg'];
    stimulus = imread(imagefilename);
    tex(i) = Screen('MakeTexture', mainWindow, imdata);
end
```

刺激は"CB1.jpg"と"CB2.jpg"の2種類が用意されている。これをそれぞれtex(1)とtex(2)に事前に読み込んでいる。このように複数の画像を事前に読み込むときにはfor文を使ってループにして読み込むといいだろう。

提示する刺激画像を決める

```
if mod(count, 2) == 1
    image = 1;
else
    image = 2;
end
```

4.4 チェンジブラインドネスの実験：刺激を切り替えながら反応時間を取得する

スペースキーが押されるまで刺激を交互に提示していこう。まず変数 count（初期値は 0）に 1 を足す。この count 変数を見れば現在何回ループを回っているかを知ることができる。この変数 count が奇数の時には第 1 画像（ここでは CB1.jpg）、偶数の時には第 2 画像（CB2.jpg）を提示するようにしたい。そこで関数 mod() を使う。関数 mod() は割り算の余りを返してくれる。次のように割られる数と割る数を指定する。

```
mod(割られる数, 割る数);
```

例えば変数 count を 2 で割れば、余りが 1 か 0 かを見ることで、変数 count が奇数か偶数かがわかる。余りが 1 ならば奇数ということで変数 image に 1、0 ならば偶数ということで変数 image に 2 を入れて、次の提示刺激を決定しておくのである。

刺激を切り替えながら反応を待機する

```
while keyOn == 0
    ⋮  提示する刺激画像を決める、刺激を提示するの途中まで略


    time = 0;
    start = GetSecs;
    while time<1&&keyOn == 0
        time = Getsecs-start;
        [keyIsDown, secs, keycode] = Kbcheck;
        if keycode(spaceKey)
            keyOn = 1;
        end
    end
```

第 4 章　刺激の提示と反応時間の取得

```
%反応をチェックする：絵が出ているとき
    While time<1 && keyOn == 0
        time = GetSecs-start;
        [keyIsDown, secs, keycode] = KbCheck;
        if keycode(spaceKye)
            keyOn = 1;
        end
    end
```

　DrawTexture と Flip を使って刺激を提示し、変数 start には現在の時刻を代入した。ここから刺激を 1 秒間、もしくはキーが押されるまで提示することになる。まず、while の条件をみてみよう。変数 time が 1（1 秒）以下かつ変数 keyOn が 0 である限り繰り返すことになっている。変数 time は初期値は 0 だが、繰り返しの中で現在の時刻を取得して start との差分をとり、刺激提示から経過した時間を代入している。スペースが押されると変数 keyOn に 1 が代入されるので、これで繰り返しを抜けることになる。何もキーが押されない場合には、変数 time の中が 1（1 秒）を超えるまで刺激を提示し続けることになる。同じことを、黒い画面の時にも行う。1 秒間黒い画面を提示しながら反応を待ち、反応がなければまた次の画像を提示する。キーが押された場合には while の繰り返しを抜け、さらに上の大きな繰り返しも抜けて反応時間を算出する。

　このように、刺激を反応待機中に消したり、切り替えたりする場合には、while による繰り返しを使って、時間の経過とキーが押されるかどうかを同時にチェックするような仕様にするとよい。

4.5 次は？

注視点や刺激を提示して、反応時間を取得することができた。これだけでも実験のデモを作ったり簡単な実験を行うことができるだろう。さあ、次の章では本格的な実験を組み立ててみよう。

コラム4　ボイストリガーのプログラム

この本で紹介している実験では、実験参加者の反応をキーボードのキーを押すことで取得している。しかし実験によっては、マイクを使って口頭で反応し、その音声反応をきっかけ（トリガー）として反応時間を取得することがある。このような反応取得方法をボイスキーやボイストリガーと呼ぶ。このコラムではボイストリガーの実験プログラムを紹介しよう。Psychtoolbox には PsychPortAudio というサウンドドライバーが用意されている。PsychPortAudio を利用すると、実験で音声関係の入出力を時間精度よく行うことができる。次に紹介するプログラムは Psychtoolbox の Demo フォルダにある SimpleVoiceTriggerDemo.m を参考にしているので、ぜひ元のデモプログラムも見ておこう。

なお、ボイスキーを用いるためにはマイクが備わっているパソコン、もしくはマイクを接続したパソコンが必要だ。加えて、Windows PC の場合には、ASIO ドライバに対応するサウンドカードを搭載していないと PsychPortAudio が動作しない。そのため Windows PC を用いた実験でボイスキーを使いたいという場合には、まず PC のスペックを確認しよう。

マザーボード搭載のサウンドカードなどは対応していないことが多いようだ。

```
function VoiceTrigger()

% サウンドドライバーを初期化する
InitializePsychSound;

%音の大きさの閾値を設定する
Triggerlevel = 0.1;

%音声のサンプリング周波数(1秒間に何回データを取得するか)を設定する
freq = 44100;

%変数 level を作成
level = 0;

%入力装置(マイク)にアクセスして音声取得を開始する。音声キャプチャーモードに設定し、取得遅延を最小限にする設定にしている
pahandle = PsychPortAudio('Open', [], 2,2, freq, [], [], 0.02);

%最初に音声のバッファ領域を設定する(ここでは最大 10 秒)
PsychPortAudio('GetAudioData', pahandle, 10);

%これから音声取得を始める、という宣言
```

コラム4 ボイストリガーのプログラム

```
PsychPortAudio('Start', pahandle);

%待機（2秒間）とコマンドウィンドウのクリア
fprintf('用意してください。');
WaitSecs(2);
clc;

%刺激提示と提示開始時間の取得
start = GetSecs;
fprintf('何か叫ぼう！');

%音声の取得。音声がtriggerlevelを超えるか、5秒経過するとループを抜ける
while (level<triggerlevel) && (GetSecs-start<5)
    [audiodata, offset, overflow, tCaptureStart] = PsychPortAudio('GetAudioData', pahandle);

%取得した音声データ内で最も大きい音の大きさを変数levelに入力（音声データがなければlevelに0を入力）
    if isempty(audiodata)
        level = max(abs(audiodata(1, :)));
    else
        level = 0;
    end
```

```
    %変数 level の音の大きさが変数 triggerlevel よりも小さければ次
    の音声取得まで 5 ミリ秒待機する
        if level<triggerlevel
            WaitSecs(0.005);
        end
end

%音声トリガー発動直後の時間を取得する
finish = GetSecs;

%音の収録を止める
PsychPortAudio('Stop', pahandle);

%反応時間の算出と提示
RT = round((finish-start)*1000);
fprintf('反応時間は%d ミリ秒です', RT);

%音声システムを終了する
PsychPortAudio('Close', pahandle);
```

　まずはこのプログラムを作成して実行してみよう。実行するとコマンドウィンドウに「用意してください。」と表示される。2秒するとコマンドウィンドウの履歴が消されて、「何か叫ぼう！」と表示される。ここで十分な音量で何か叫べば、指示が出てから叫ぶまでの時間が、反応時間としてミリ秒単位で提示される。もしも反応しないよう

コラム 4　ボイストリガーのプログラム

だったら、triggerlevel の数値をもう少し小さくしてみよう。さあ、ネッカーキューブの実験で、反転したら声で反応するようにプログラムを作り直してみるのはどうだろうか。このように実験を自分用にカスタマイズしていこう。

第5章 実験プログラムを作る：視覚探索

5.1 視覚探索課題とは何か

　この章では、さらに実践的な実験プログラムとして「視覚探索課題」を取り上げる。視覚探索課題とは、観察者にさまざまな妨害刺激（ディストラクタ）の中から特定の目標刺激（ターゲット）を探させる課題全般のことをいう。身近な例でいえば「ウォーリーを探せ」だ。ごちゃごちゃとした町の雑踏の中から赤白シャツのメガネの男を探す、これは視覚探索である。このときの妨害刺激は街の雑踏の人々やその他の物体であり、目標刺激はメガネの男、ウォーリーである。その他にも本棚から目的の本を探す、カフェで待ち合わせをしている友人を探すなどの例も、すべて視覚探索だと言えるだろう。

5.2 ポップアウト現象

　視覚探索には面白い現象がある。「ポップアウト」だ。まず体験してみよう。読者のすべきことは目標刺激の「白い丸」を見つけることだ。さて次ページの図 5.1 を見てほしい。白い丸はどこにあるだろう。…すぐに見つかっただろうか。

　では図 5.2 を見てみよう。白い丸はどこにあるだろう。…図 5.1 から探すよりもずいぶん時間がかかったのではないだろうか。

　では図 5.3 を見てみよう。白い丸はどこにあるだろう。…こんどは図 5.1 と同じようにすぐに見つかったのではないだろうか。

　この 3 つの図の違いは妨害刺激の違いだ。図 5.1 と図 5.3 は、目標刺激の白

第 5 章　実験プログラムを作る：視覚探索

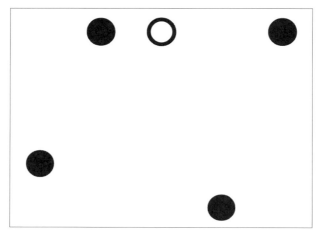

図 5.1: 白い丸をみつけよう。これは簡単だ　条件 1

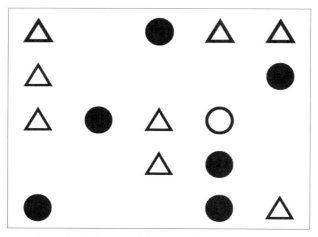

図 5.2: 白い丸をみつけよう。これは難しいかな　条件 2

5.2 ポップアウト現象

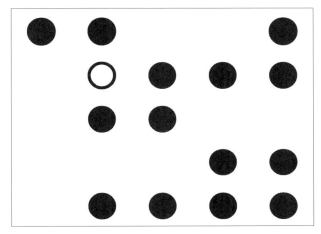

図 5.3: 白い丸をみつけよう。これも簡単だ　条件 3

い丸以外の妨害刺激は全て黒い丸だった。ただし、図 5.1 は妨害刺激の数が 4 個、図 5.3 は妨害刺激の数が 14 個だ。一方、図 5.2 では、妨害刺激が黒い丸と白い三角だった。そして妨害刺激の数は図 5.3 と同じく 14 個だった。通常、視覚探索課題では妨害刺激の数が増えると、目標刺激発見までの時間も長くなる。しかし、実験して目標刺激発見までの時間を測定してみると、図 5.1 と図 5.3 の反応時間はおそらくほとんど同じになる。つまり、妨害刺激の数に関係なく一定の時間で目標刺激を発見できるのである（図 5.4）。

このように目標刺激と妨害刺激の違いを一つの特徴で区別することができ、妨害刺激の数に関わらず目標刺激を素早く見つけられる現象を「ポップアウト」と呼ぶ。図 5.1 と図 5.3 の場合には目標刺激が白で妨害刺激が黒なので、形は関係なく色（正確には明るさ）の違いだけで目標刺激を見つけることができた。たとえばウォーリーが青い服の集団に混ざっている絵を想像してみてほしい。きっとあなたはすぐに赤白シャツのウォーリーを見つけることができるだろう。これがポップアウトだ。このように妨害刺激の数に関わらずに目標刺激を見つけることのできる視覚探索を並列探索と呼ぶ。

一方、図 5.2 のように色（明るさ）と形のように複数の特徴を組み合わせな

第 5 章　実験プログラムを作る：視覚探索

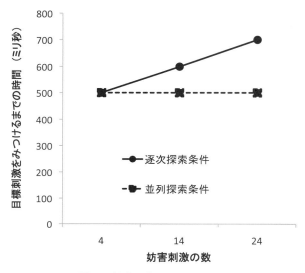

図 5.4: 視覚探索課題の結果の例

いと目標刺激と妨害刺激を区別できない場合はポップアウトが起こらない。このような視覚探索を逐次探索と呼ぶ。逐次探索の場合には、目標刺激を見つけるために一つ一つ刺激をチェックしていく必要がある。そのため妨害刺激の数が増加すると、目標刺激発見までの時間も妨害刺激の数に比例して増加する。通常のウォーリーを探せは逐次探索課題なのである（赤白の縞模様がどっさり描かれて妨害刺激となっているだろう）。

5.3　実験計画を立てる

さあ、ポップアウト現象を確認する視覚探索の実験を作ってみよう。実験をするにはまず実験計画を立てなければならない。実験の目的は何か。仮説は何か。実験参加者の課題は何か。刺激は何か。どのような大きさで何種類あるのか。刺激はどのくらいの時間提示するのか。反応はどのように取得するのか。そして何のためにどのような分析を行なうのか。実験を行なう前にたくさんの

考えなくてはならないことがある。ここで少し仮説の立て方と、実験計画の立て方の話をしておこう。

仮説を立てる

　多くの場合、研究は仮説を立てることから開始する。ある現象に対して「仮の説明」をつけてから、それを検証するのである。ここでは「目標刺激と妨害刺激を一つの特徴で区別することができるときポップアウトが起こる」という仮説を立ててみよう。つまり、目標刺激が単一の特徴で区別できる時（並列探索条件）は妨害刺激の個数は反応時間に影響せず、区別できない時（逐次探索条件）は妨害刺激の個数が増加すると反応時間も増加すると予測される。

独立変数と従属変数

　仮説を立てただけでは実験はできない。実験をするためには仮説から実験計画を立てなくてはならないのだ。

　ここで実験計画に必要な独立変数と従属変数という概念について話しておこう。簡単に言うと独立変数は「原因」であり、実験者が実験を組み立てる際に操作するものだ。独立変数は要因と水準として表される。要因とは実験者が操作する事柄、水準は操作の種類のことだ。この実験では「探索条件」が要因となり「並列探索」「逐次探索」が水準になる。

　なお要因には2種類ある。参加者内要因と参加者間要因だ。要因のすべての水準を全参加者が行うのが参加者内要因、水準ごとに異なる参加者を割り当てるのが参加者間要因だ。個人差をなくして検討したい場合には参加者内要因がよいが、実験の時間が長すぎてしまう場合や、すべての水準に同じ人が参加することによる影響が考えられる場合は参加者間要因にする必要がある。

　では従属変数とは何か。従属変数は、測定されるもの、実験参加者のなんらかの反応や課題を遂行する成績、つまり「結果」に該当する。独立変数の操作に応じて変化すると考えられるので、"従属"変数という。従属変数は測定できるものでなければならない。また、測定したいものと実際に測定しているものが一致しているかどうかに注意しなくてはいけない（妥当性）。この実験では「反応時間」が従属変数になるだろう。

第 5 章　実験プログラムを作る：視覚探索

　少しまとめよう。実験とは、「独立変数の操作によって従属変数がどのように変化するのかを検討することで、仮説を検証すること」だ。どのような複雑な研究でも、難しそうな研究でも、独立変数と従属変数で考えればシンプルな構造であることがわかる。実験計画を立てるということは、仮説を検証するために、何を操作して（独立変数の操作）、何を測定するのか（従属変数）を決めることなのだ。

視覚探索の実験計画
　ここでは次のように簡単な実験計画を立ててみた。

目的：　目標が単一の情報で区別される時にポップアウト現象が認められるかを検証する。

課題：　妨害刺激から目標刺激を見つける視覚探索課題を用いる。

刺激：　目標刺激を白い丸、妨害刺激として黒い丸と白い三角を用いる。妨害刺激の数は、4 個、14 個、24 個の 3 種類である。並列探索条件として妨害刺激の数ごとに各 6 種類、逐次探索条件として同じく各 6 種類の刺激が用意される（1 種類ずつではないのは、刺激の配置を参加者に覚えられないようにするためである）。並列探索条件では妨害刺激に黒い丸のみを用いる。逐次探索条件では妨害刺激に黒い丸と白い三角を用いる。さらに、いずれの条件でも目標刺激がないものが同じ数だけ用意される（目標刺激がないものはなぜ用意するのだろうか？　たとえばすべての刺激に目標刺激があり、そのことに気がついたら実験参加者はどうするだろう。何も考えずに刺激が出てきたら反応してしまうかもしれない。参加者が確かに目標刺激を見つけているという確認のために、目標刺激が「ない」試行も混ぜておこう）。

手続き：　並列探索条件と逐次探索条件を一緒に混ぜて行なう。刺激はランダムな順序で反応があるまで提示される。反応は J と F のキーを用いる。目標があれば F（もしくは J）を、目標刺激がなければ J（もしくは F）を押す。1 試行では最初に注視点が 500 ミリ秒提示され、次に刺激が反応

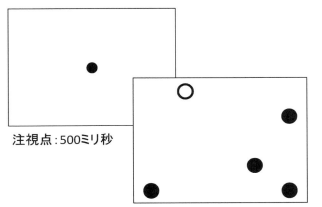

図 5.5: 1 試行の流れ

があるまで提示される（図 5.5）。試行数は全部で 72 試行であり、24 試行ごとに休憩が入る。

5.4 刺激の準備

まず事前に刺激を用意しておく必要がある。ここでは、序文で示す本書のウェブサイトからダウンロードしてほしい。StimulusFolder に入っている。実験ではたくさんの刺激を用いるが、刺激の名前を数字で表現しておくと、実験プログラムで提示するために呼び出すときに便利だ。刺激の名前は以下の通りに付けられている。

- 1000 の位が探索条件（並列探索条件：1、逐次探索条件：2）を表している。
- 100 の位が妨害刺激の数（4 個：1、14 個：2、24 個：3）を表している。
- 10 の位が目標刺激の有無（ある：1、ない：2）を表している。
- 1 の位が刺激のバリエーション（6 種類、1 から 6 まで）を表している。

第 5 章　実験プログラムを作る：視覚探索

5.5　視覚探索の実験

　大きな実験になってくると無計画にプログラムを書き始めてもうまくいかない。本格的なフローチャートを作る必要はないが、大まかな流れは考えておくべきだ。
　まず必要な部品を考えるとよい。次のことが必要になってくる。

1. 刺激提示スクリーンの用意
2. 各種変数の用意
3. 刺激の読み込み
4. 刺激提示順序の決定
5. 参加者情報の入力

ここから繰り返し：72 回

6. 注視点提示
7. 刺激提示
8. 反応取得
9. データ保存
10. 24 回ごとに休憩

繰り返し終わり

11. 終了

実験本体のプログラム
　次がプログラムの全体像だ。なお、ネッカーキューブの実験で作成した「SpaceTwice.m」のプログラムも用いるので、同じフォルダに保存しておこう。

5.5 視覚探索の実験

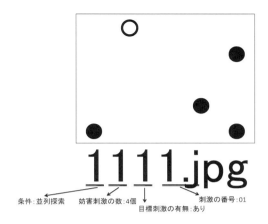

条件：並列探索
妨害刺激の数：4個
目標刺激の有無：あり
刺激の番号：01

図 5.6: 刺激の名前の付け方

		妨害刺激4個	妨害刺激14個	妨害刺激24個
並列探索条件	標的あり	1111.jpg	1211.jpg	1311.jpg
並列探索条件	標的なし	1125.jpg	1226.jpg	1321.jpg
逐次探索条件	標的あり	2113.jpg	2213.jpg	2312.jpg
逐次探索条件	標的なし	2124.jpg	2225.jpg	2322.jpg

図 5.7: 刺激例

第5章 実験プログラムを作る：視覚探索

```
%名前の設定
function VisualSearch();

%参加者情報入力
id = input('参加者番号？');
order = input('試行順序？　1、2のいずれか：');
key = input('反応キーの組み合わせ　1:Fが「ある」、2:Jが「ある」');

%キーの設定
KbName('UnifyKeyNames');
fKey = KbName('f');
jKey = KbName('j');

%刺激提示ウインドウの用意と座標設定
[mainWindow, wRect] = Screen('OpenWindow', 0);
[xcenter, ycenter] = RectCenter(wRect);
fixposition = [xcenter-10 ycenter-10 xcenter+10 ycenter+10];
Screen('TextSize', mainWindow, 36);

%色の指定
black = [0 0 0];
white = [255 255 255];

%反応データ記録用ファイル作成とデータラベルの書き込み
filename = [date '__' num2str(id) '.txt'];
fid = fopen(filename,'at');
fprintf(fid, '参加者番号 %d Key %d TrialOrder %d￥n', id, key, order);
fprintf(fid, '試行数 条件 妨害刺激の数 標的の有無 刺激番号 反応キー RT ...
    正誤 ￥n');
```

%試行順序読み込み
trialorder = csvread(['trialorder' num2str(order) '.csv']);

%待機画面提示
HideCursor;
Screen('DrawText', mainWindow, 'Start', xcenter, ycenter, black);
Screen('Flip', mainWindow);

%スペースを2回押すと先に進む
SpaceTwice;

%本実験開始
for i = 1:72

%提示刺激情報を読み込む
    condition = trialorder(i,1);
    number = trialorder(i,2);
    target = trialorder(i,3);
    version = trialorder(i,4);
    imageID = condition*1000+number*100+target*10+version;
    imagefilename = ['StimulusFolder/' num2str(imageID) '.jpg'];
    imdata = imread(imagefilename);
    tex = Screen('MakeTexture', mainWindow,imdata);

%注視点提示
    Screen('FillRect', mainWindow, white);
    Screen('FillOval', mainWindow, black, fixposition);
    Screen('Flip', mainWindow);
    WaitSecs(0.5);

%刺激提示と刺激提示開始時間を記録
    Screen('FillRect',mainWindow,white);
    Screen('DrawTexture', mainWindow, tex);
    start = GetSecs;
    Screen('Flip', mainWindow);
    keyOn = 0;

%刺激を提示したまま反応待機
    while keyOn == 0
        [keyIsDown,secs,keycode] = KbCheck;
        if keycode(fKey)||keycode(jKey)
            keyOn = 1;
        end
    end

%キーの内容を確認
    if keycode(fKey)
        resp = 'f';
        if key == 1 && target == 1
            correct = 1;
        elseif key == 2 && target == 2
            correct = 1;
        else
            correct = 2;
        end
    elseif keycode(jKey)
        resp = 'j';
        if key == 1 && target == 2
            correct = 1;
        elseif key == 2 && target == 1

5.5 視覚探索の実験

```
                correct = 1;
        else
                correct = 2;
        end
    end
    rt = round ((secs-start)*1000);

%ファイルに書き込む
    fprintf(fid,'%d %d %d %d %d %c %d %d￥n', ...
        i, condition, number, target, version, resp, rt, correct);
%コマンドウィンドウに提示する
    fprintf('%d %d %d %d %d %c %d %d ￥n', ...
        i, condition, number, target, version, resp, rt, correct);

%休憩：24試行ごとにRestと提示する。スペースを2回押すと再開
    if i == 24|i == 48
        Screen('DrawText', mainWindow, 'Rest', xcenter, ycenter, black);
        Screen('Flip', mainWindow);

        SpaceTwice;

        Screen('FillRect', mainWindow);
        Screen('Flip', mainWindow);
    end%休憩終わり
end%試行終わり

%終了：Done!と提示して3秒待機し閉じる。
Screen('DrawText', mainWindow, 'Done!', xcenter, ycenter, black);
Screen('Flip', mainWindow);
WaitSecs(3);
```

第 5 章　実験プログラムを作る：視覚探索

```
fclose(fid);
ShowCursor;
Screen('CloseAll');
```

　さっそく解説していこう。ネッカーキューブの実験と同じところは解説を省略するので、それぞれ前章の確認をしておこう。

名前の設定〜色の指定
　プログラムに名前を付けて、変数をクリアして、色や場所の座標を変数に入力して用意しよう。ここはネッカーキューブの実験と同じだ。

参加者情報入力
　反応記録のファイル名に使う実験参加者の情報を入力しよう。まず実験参加者番号を入力するようにコマンドウィンドウに指示を出す。ここでは関数 input() を使う。関数 input() は、コマンドウィンドウから入力された内容を変数に入れる命令だ。この時、一緒にコマンドウィンドウに指示を出すこともできる。形は次の通り。

```
変数 = input('コマンドウィンドウに提示したい内容');
```

　まず id という変数に参加者番号を入力してもらおう。

```
id = input('参加者番号？');
```

　次に order という変数に試行順序を入力してもらおう。ここでは 2 種類用意されている試行順序のうち、どちらを用いるかを決める。1 か 2 を入力して、

5.5 視覚探索の実験

図 5.8: input 命令で情報を入力する例

その情報を後で使うことになる。

```
order = input('試行順序？　1、2のいずれか：');
```

反応キーのカウンターバランス情報入力

さらに key という変数に反応キーの組み合わせを入力しておこう。実験では、F のキーを左手の人差し指、J のキーを右手の人差指で押すことで反応してもらう。このとき、常に F が「標的がある」、常に J が「標的がない」と決めてしまうこともできるが、一般的に利き手の方が反応が早いので、反応するキーを固定してしまうと、「標的がない」という判断が常に早くなるかもしれない。するとこれが利き手の影響なのか、それとも認知的な処理として標的がないという反応が早いのかがわからなくなってしまう。そこで参加者の半数は、F が「標的がある」、J が「標的がない」とし、もう半数は反応キーの組み合わせを反対にすることで、このような利き手の影響を相殺することができるのだ。このような操作をカウンターバランスと呼ぶ。反応キーの組み合わせ以外にもこのようなカウンターバランスの操作を行なう必要があることは多いので注意したい。では、key という変数に反応キーの組み合わせを入力しよう。ここでは、1 か 2 の数字を入力してもらい、後でその情報を参照して反応キーの組み合わせを設定する。

第 5 章　実験プログラムを作る：視覚探索

```
key = input('反応キー　1:F が「ある」、2:J が「ある」');
```

反応データ記録用ファイル作成とデータラベルの書き込み

　次に、実験データを保存するテキストファイルを作成して、データのラベルを記入する。まずファイル名を filename という変数に入力する。ファイル名は文字列である必要があるので気をつけよう。

　また先ほど input で入力された数字は「数字」として変数に入力される。参加者番号は保存用テキストファイルの名前として用いるので、関数 num2str() を使って文字列に変換しよう。

　なお、date というのは第 1 章でも出てきたが現在の日付文字列を返す関数である。日にちで管理しておくと間違いも少なくなるのでファイル名に入れておくのがお勧めだ。

```
filename = [date '_' num2str(id) '.txt'];
```

　こうすると、例えば 2015 年 4 月 1 日に行なった実験参加者番号 1 の人のデータが記録されるファイル名として、「1-Apr-2015_1.txt」という文字列が変数 filename に入力される。

　次に、変数 filename に入った文字列の名前のファイルを作成して開く。ノートを開くようなイメージを持ってみよう。ノートの名前がファイル名である。書き方は次の通り。

```
ファイル番号を入れる変数 = fopen(ファイル名,'書きこみの方法')
```

　ここでは次のように入力しよう。fid がファイル番号を入れる変数である。

5.5 視覚探索の実験

最後の'at'というのは、情報を追記していく形のノートであるという宣言だ。ここを変えると、上書きにすることもできる。

```
fid = fopen(filename, 'at');
```

さっそく参加者番号、試行順序の番号、キー反応割り当ての番号などをファイルに保存しておこう。ファイルに書き込むには関数 fprintf() を使う。次のように入力しよう。

```
fprintf(fid,'参加者番号 %d 反応キー割当 %d 試行順序 %d ¥n',id,key,order);
```

さらに、データの見出しを入れておこう。この順番で試行ごとにデータが書き込まれていく。なお改行してもコードが続くときには "..." を用いる（110ページ参照）。

```
fprintf(fid, '試行数 条件 妨害刺激の数 標的の有無 刺激番号 反応キー RT 正誤 ¥n');
```

試行順序読み込み

ここで別に作っておいた試行順序のCSVファイルを読み込もう。心理学の実験ではほとんどの場合、条件や刺激の提示順序をランダム化する必要がある。たとえばずっと刺激がない試行が続いたら、「次も出ないのではないか」、「いや次は出るのではないか」と余計な予測を参加者がし始めるものだ。参加者の予測というのは実験結果に大きく影響してしまう。そこでなるべく色々な

第 5 章　実験プログラムを作る：視覚探索

```
○ ○ ○                    21-Mar-2013_1.txt
subID 1 Key 1 TrialOrder 1
試行数 条件 妨害刺激の数 標的の有無 刺激の種類 反応キー RT 正誤
```

図 **5.9:** データ保存用ファイルに書き込まれた状態

条件や刺激をランダムに提示して余計な影響を排除しよう。第 6 章では MATLAB が持っているランダム関数 randi(imax,n) を使う方法を紹介しているが、ここでは事前にランダムな順番を作っておく方法を採用した。実験によっては MATLAB 任せにせずに実験者が刺激提示順序を把握しておきたい場合もあるからだ。また、刺激の提示順序は複数種類用意しておきたい。ランダム化していてもこちらが思いもよらない並び順になっていたり、思いがけない効果があったりする可能性があるからだ。ここでは 2 種類の刺激提示順序を用意した。なお、事前にランダムな順序を作成する方法についてはコラム 5 を参照してほしい。

　試行順序は 2 種類用意されている。名前はそれぞれ「trialorder1.csv」と「trialorder2.csv」だ。先ほど入力した試行順序番号（変数 order に入っている）をファイル名の一部に指定し、対応する試行順序番号を関数 csvread() を使って読み込もう。読みこんだ試行順序は trialorder という変数にしまっておく。

```
trialorder = csvread(['trialorder' num2str(order) '.csv']);
```

待機画面提示〜スペースを 2 回押すと先に進む

　ここもネッカーキューブの実験と同じようにカーソルを消し、Start と最初に提示して、スペースを 2 回押すことで先に進むようにしている。

本実験開始

　ここから実験が始まる。まず 72 試行あるので 72 回のループを設定する。

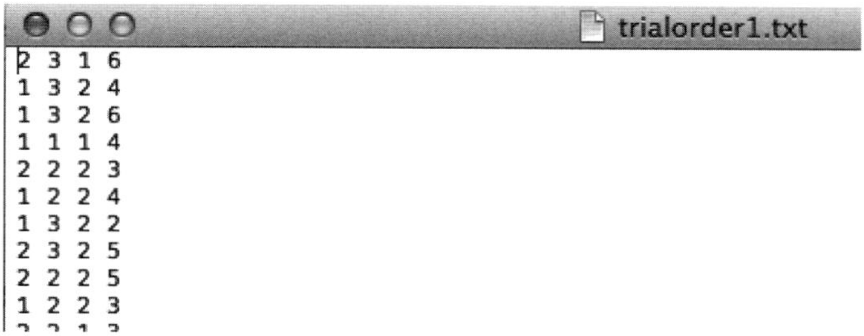

5.5 視覚探索の実験

```
2 3 1 6
1 3 2 4
1 3 2 6
1 1 1 4
2 2 2 3
1 2 2 4
1 3 2 2
2 3 2 5
2 2 2 5
1 2 2 3
```

図 5.10: **trialorder** の中身

```
for i = 1:72
```

提示刺激情報を読み込む

最初に提示刺激の情報を変数 trialorder から呼び出しておこう。変数 trialorder には1行ごとに各試行の情報が入っている（図 5.10）。左の列から試行番号、条件、妨害刺激の数、目標刺激の有無、刺激のバリエーションだ。まず condition という変数に trialorder の1列目、つまり条件の情報を入れる。

```
condition = trialorder(i,1);
```

次に number という変数に trialorder の2列目、つまり妨害刺激の数の情報を入れる。

```
number = trialorder(i,2);
```

第 5 章　実験プログラムを作る：視覚探索

　そして target という変数に trialorder の 3 列目、つまり目標刺激の有無の情報を入れる。

```
target = trialorder(i,3);
```

　最後に version という変数に trialorder の 4 列目、つまり刺激のバリエーションの情報を入れる。

```
version = trialorder(i,4);
```

　そして condition を 1000 倍、number を 100 倍、target を 10 倍、version をそのまま足し合わせると、提示刺激の番号ができ上がる。これを imageID という変数にいれておこう。

```
imageID = condition*1000+number*100+target*10+version;
```

　刺激が決まったら、imageID を文字列に変換して、対応する jpg 画像を関数 imread() を使って読み込み、変数 imdata に入力する。そしてこの画像を Screen('MakeTexture') でテクスチャ化して、変数 tex にポインタ番号を記録するのはこれまで述べてきた通りだ。

```
imagefilename = ['StimulusFolder/' num2str(imageID) '.jpg'];
imdata = imread(imagefilename);
```

5.5 視覚探索の実験

```
tex = Screen('MakeTexture', mainWindow, imdata);
```

なお、この実験プログラムでは毎試行ごとに画像を読み込んで提示している。しかしもっと多くの画像を実験開始前に読み込んでおく場合もある。たとえば高速に複数の画像刺激を提示し続ける実験や、脳活動などを測定するような実験では、刺激を提示するタイミングを厳しく守らなければならない。しかし実験の途中で画像を読み込んでいたら、予想外のずれが生じてしまう。このような場合はすべての刺激を事前に読み込んでから実験を開始しなくてはならないことを覚えておこう。第4章のチェンジブラインドネスの実験で2枚の画像を読み込んでいる部分を参考にしてほしい。

注視点提示

先ほどと同じように、Screen('FillOval') を使って、fixposition で指定している領域に黒い丸を描画して注視点としよう。

刺激提示と刺激提示開始時間を記録

ネッカーキューブと同じように反応があるまで刺激を提示しよう。なお、この実験では標的があったか、なかったかを判断するので、判断のキーはFとJの2種類になる。FかJのキーを押したときだけループを抜けるように、条件を2つ並べておこう。

```
while keyOn == 0
    [keyIsDown, secs, keycode] = KbCheck;
    if keycode(fKey)|keycode(jKey)
    keyOn = 1;
    end
end
```

第 5 章　実験プログラムを作る：視覚探索

キーの内容を確認（反応の正誤判断）

　押したキーと、反応キーの組み合わせを照合して、実験参加者の判断が正解か不正解かを記録しておこう。反応キーの組み合わせ番号が 1 で F を押した場合、もしくは反応キーの組み合わせ番号が 2 で J を押した場合は、実験参加者は「標的があった」と判断していることになる。このとき、標的の有無を表す target という変数の内容が 1、すなわち標的が実際にあった場合は参加者の判断は正解ということになる。また、この反対の組み合わせ、すなわち参加者が「標的がない」と判断して、実際に標的がない場合も参加者の判断は正解ということになる。if 文を使って上記の組み合わせの場合を正解として変数 correct に 1 を、上記の組み合わせに当てはまらない場合には、不正解として変数 correct に 2 を入れておこう。

```
if keycode(fKey)
    resp = 'f';
    if key == 1 && target == 1
        correct = 1;
    elseif key == 2 && target == 2
        correct = 1;
    else
        correct = 2;
    end
elseif keycode(jKey)
    resp = 'j';
    if key == 1 && target == 2
        correct = 1;
    elseif key == 2 && target ==1
        correct = 1;
    else
        correct = 2;
```

5.5 視覚探索の実験

```
        end
end
```

データを保存ファイルに書き込む

試行の最後に関数 fprintf() を使って反応時間などを保存する。記録するのは試行番号 (i)、条件 (condition)、妨害刺激の数 (number)、標的の有無 (target)、刺激のバージョン (version)、押したキー (resp)、反応時間 (rt)、正誤 (correct) だ。関数 fprintf() を使って、最初に開いたファイルの番号 (変数 fid に入っている) を指定して各変数を並べよう。

また結果を同時にコマンドウィンドウに表示しておくのはおすすめだ。実験終了後、コマンドウィンドウを開いたときに見ることができる。万が一、保存ができていない時などの控えになるし、モニタを二つ用意すれば、実験中にリアルタイムで反応を確認することができる。コマンドウィンドウに提示するには関数 fprintf() を使う時に書き込む保存ファイルを指定しなければよい。

```
%ファイルに書き込む
fprintf(fid,'%d %d %d %d %d %c %4.0f %d ¥n' ...
    i, condition, number, target, version, resp, rt, correct);
%コマンドウィンドウに提示する
fprintf('%d %d %d %d %d %c %4.0f %d ¥n' ...
    i, condition, number, target, version, resp, rt, correct);
```

休憩：**24** 試行ごとに **Rest** と提示する。スペースを **2** 回押すと再開

24 試行終わるごとに休憩を入れておこう。休憩を入れるタイミングは実験にもよるが、だいたい 2、3 分続けて実験を行ったら一回休みが入るくらいが目安だ。

まず試行番号が 24、48 の場合のみ休憩の命令群を実行するように if 文で分岐する。

第 5 章　実験プログラムを作る：視覚探索

```
if i == 24|i == 48
```

Screen('DrawText') を使って、画面中央を起点に Rest と黒で書く（図 5.11）。

```
Screen('DrawText', mainWindow, 'Rest', xcenter, ycenter, black);
Screen('Flip', mainWindow);
```

スペースを 2 回押したら次へ進むようにしておこう。

```
SpaceTwice;
end%休憩終わり
```

終了：Done!と提示して 3 秒待機し閉じる

72 試行が終わると for 文のループを抜ける。最後に Done!と提示して 3 秒待機し、カーソルを再提示して、ウィンドウを閉じよう。

データの分析方法

取得されたデータはテキストファイルとして保存されているが、1 行が 1 試行の情報を表しており、全部で 72 行のデータがあるはずだ。左から試行数、並列探索条件か逐次探索条件か、妨害刺激の数、目標刺激の有無、刺激の種類、反応時間、押したキーの種類の順番になっている（図 5.12）。

このデータをエクセルで読み込んで、反応時間の平均値（もしくは中央値）を求めてみよう。まずエクセルを起動して、「ファイル＞開く」で実験結果のテキストデータを選択しよう。この時、ファイルの種類を「テキストファイ

5.5 視覚探索の実験

図 5.11: 休憩

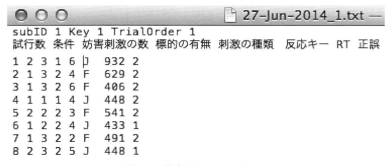

図 5.12: 保存されているデータ

ル」にしないとデータが出てこないので気をつけること。もしくは「データ＞外部データの取り込み＞テキストファイルのインポート」でもよい。

　するとテキストファイルウィザードが開く（図 5.13）。「元のデータの形式」として「区切り記号付き」を選択しよう。データのプレビューを見るとわかるが、1 行目は参加者情報などが入力されている。この情報は分析に不要なので、取り込み開始行は 2 行目にしておこう。そして「次へ」をクリックだ。

　「区切り文字」の「スペース」にチェックを入れる。完了を押してデータを返す先を選択しよう（図 5.14）。これでデータをエクセルに取り込むことができる。

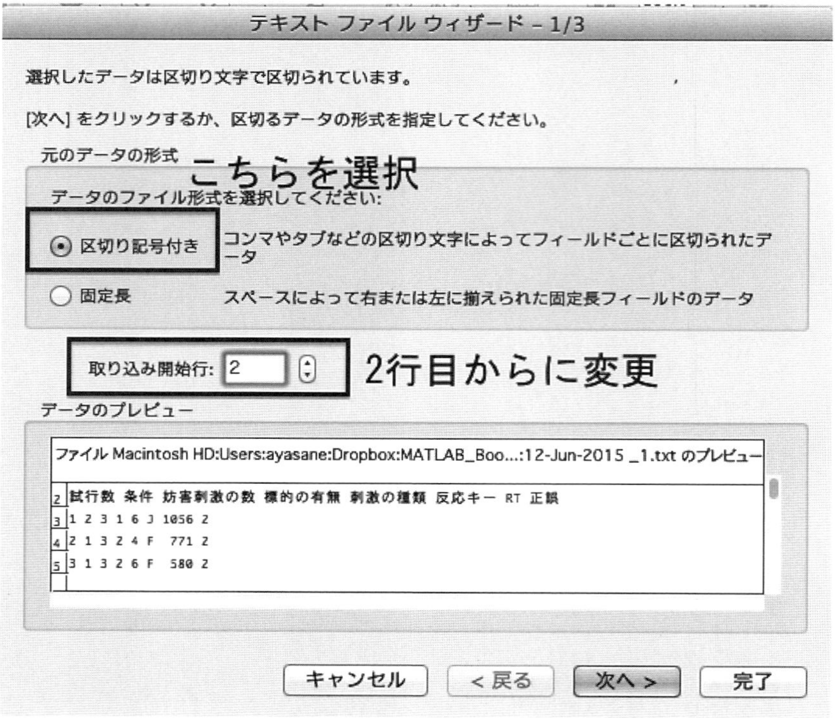

第 5 章 実験プログラムを作る：視覚探索

図 5.13: テキストファイルウィザード 1

　データは 72 行分抜けなく入力されているだろうか。では各条件の代表値として中央値を求めてみよう。なお、条件の代表値としては平均値でもよいが、実験中にちょっと、ぼーっとしたりすると、その試行だけ他の試行と比べて大幅に長い反応時間になってしまう。たとえば他の試行は 500 ミリ秒で反応しているのに 1 試行だけ 10000 ミリ秒などということもあり得る。このような値を外れ値という。外れ値をいれたまま平均値を求めると代表値とはいえない値になる。ここでは外れ値の影響を受けづらい中央値を求めてみよう。中央値とはデータを大きさ順に並べ替えたときにちょうど真ん中にあたる値のことだ。

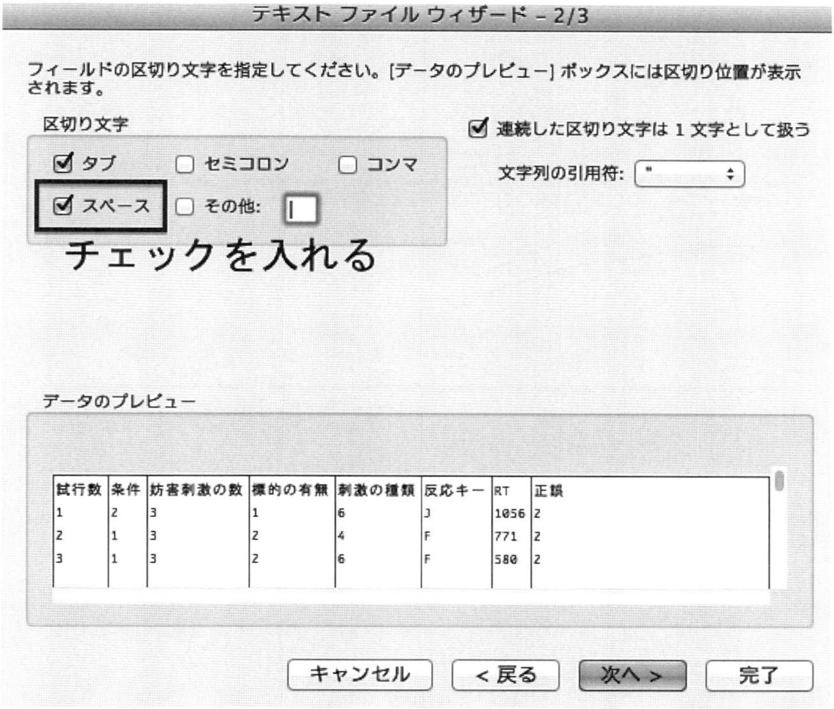

5.5 視覚探索の実験

図 5.14: テキストファイルウィザード 2

　それではデータを条件ごとに並び替えよう。まずデータ全体を選択しよう。次に「データ＞並べ替え」を選択する。すると優先するキーを聞いてくるので、「最優先されるキー」を「標的の有無（あった・なかった）」、「2 番目に優先されるキー」を「条件（逐次探索・並列探索）」、「3 番目に優先されるキー」を「妨害刺激の数」、そして「4 番目に優先されるキー」を「正誤」にして、それぞれ昇順で並べ替えよう。なお、範囲の先頭行はタイトル行だ。チェックを入れておこう。

　並べ替えると上から、標的があり（標的の有無：1）並列探索で（条件：1）妨害刺激の数が 4 個（妨害刺激の数：1）の条件、標的があり（標的の有無：1）並列探索で（条件：1）妨害刺激の数が 14 個（妨害刺激の数：2）の条件といった

第 5 章 実験プログラムを作る：視覚探索

図 5.15: 条件の並べ替え

ように 6 試行ずつ同じ条件のデータがまとまる（図 5.15）。このまとまりから各条件の中央値を求めていく。

では右の方の空いているセルに、「=median（データ範囲）」を入力してみよう（図 5.16）。データ範囲は同じ条件の 6 試行分の反応時間だ。なお誤答の反

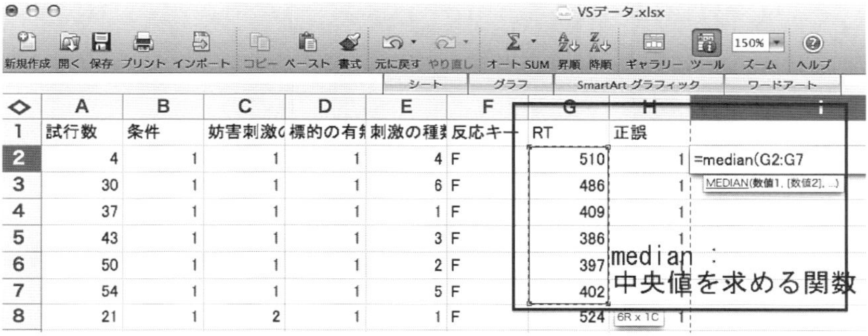

	A	B	C	D	E	F	G	H
1	試行数	条件	妨害刺激の	標的の有無	刺激の種類	反応キー	RT	正誤
2	4	1	1	1	4	F	510	1
3	30	1	1	1	6	F	486	1
4	37	1	1	1	1	F	409	1
5	43	1	1	1	3	F	386	1
6	50	1	1	1	2	F	397	
7	54	1	1	1	5	F	402	
8	21	1	2	1	1	F	524	1

図 **5.16:** 中央値の算出

応時間は除くこと。一番下にまとまっているので除きやすいだろう。Enter を押すとその条件の中央値が出てくる。同じようにすべての条件で反応時間の中央値を求めよう。

どのようなデータになっただろうか。並列探索条件は妨害刺激の数が増えても反応時間は変わらず、逐次探索条件では反応時間が増加しただろうか。きれいなデータが出ない場合には、刺激を増やして試行数を増やしてみるとよいだろう。

5.6　次は？

どうだっただろうか。データはきちんと保存されていたかな？　ここまでで簡単な実験を自分で作れるようになったはずだ。次は心理物理学的な実験の作成方法を紹介しよう。

第 5 章　実験プログラムを作る：視覚探索

コラム 5　疑似ランダム

　視覚探索実験で用いている trialorder1.csv と trialorder2.csv には全 72 試行がランダムにならんでいる。このように試行順序をランダムにする方法を紹介しよう。

　ここでは直感的にわかりやすい、エクセルを使って試行順序を疑似ランダム化する方法を紹介する。もちろん、MATLAB で同じようなことをすることもできる。ぜひ自分で使いやすい疑似ランダム化の手法を編み出してほしい。

　まずエクセルに 1 試行 1 行として全試行の情報を数値化して入力していく。A 列は刺激の条件だ。1 が並列探索条件、2 が逐次探索条件だ。B 列は妨害刺激の数だ。1 が 4 個、2 が 14 個、3 が 24 個を意味する。C 列は目標刺激の有無、1 が目標刺激が「ある」、2 が目標刺激が「ない」を意味している。D 列は刺激のバリエーションの情報だ。これは各条件に付き 6 種類あるので 1 から 6 までの数字となる。図のように入力してみよう。

　さてこのままでは各条件が固まっている。これをランダムにしていこう。まず E 列にランダムな数字を入れていく。エクセルの rand 関数を使おう。rand 関数は 0 以上 1 未満の数字を毎回ランダムに返してくれる関数だ。

```
= rand()
```

括弧の中にはなにも入れなくてよい。

　一番上のセルにランダムな数が入ったら、そのセルを下にコピーし

刺激	妨害刺激の数	目標刺激の有無	バリエーション
1	1	1	1
1	1	1	2
1	1	1	3
1	1	1	4
1	1	1	5
1	1	1	6
1	1	2	1
1	1	2	2
1	1	2	3
1	1	2	4
1	1	2	5
1	1	2	6
1	2	1	1
1	2	1	2
1	2	1	3
1	2	1	4
1	2	1	5
1	2	1	6
1	2	2	1
1	2	2	2

ていこう。一番下のセルまでランダムな数が入ったかな？

　そして次はランダムな数を基準にして並び替えをする。まずＡからＥの列まで全部を選択しよう。そして並べ替えで、Ｅ列を基準として並び替えてみよう。

　72試行がランダムに並び変わった。しかしよく見てほしい。Ｃ列で同じ数字が続いているところはないだろうか。Ｃ列は目標刺激の有無を表すところだ。たとえば1が6回続いているということは、参加者は6回続けて「あった」と反応することになる。反応はどんど

ん早くなるかもしれないし、そろそろ「ない」条件なのではないかと要らぬ予期を呼ぶかもしれない。

　というわけで、ここでは最後に手作業で、目標刺激の有無が連続するところを3、4回程度になるように試行順序を入れ替えていこう。なお、事前に続いてほしくない条件のセルを色分けしておく（1を赤、2を青など）と、続いているかどうかを確認しやすい。

　できあがったエクセルファイルからどのようにMATLABで読み込める形式にしたらよいのだろうか。まずラベルは含めずに数字の部分だけ別のシートにコピーしておこう。そしてcsv形式（コンマ区切り）で保存しよう。これをMATLABのcsvread関数で読み込むことができる。

第 6 章　実験プログラムを作る：閾値の測定

　第 4 章と第 5 章において作成したプログラムは、キーを押して反応するまでの時間を計測することができた。これは立派な心理学実験だ。しかし、心理学者が計測するのは反応時間だけではない。本章では、正答率データに基づいて閾値を計測する実験を作ってみよう。閾値とは、知覚することのできる最も小さな物理量のことである。例えば、光検出閾と言えば、見ることのできる最も弱い光（最も低い光量）のことを指す。聴覚閾なら聞くことのできる最も小さな空気振動を、触覚閾なら皮膚への接触を感じることのできる最も小さな圧力値を意味する。

6.1　コントラスト弁別課題のための刺激提示

　閾値測定の例として、輝度コントラストの弁別閾（contrast discrimination threshold）を測定してみよう。輝度コントラストとは、画像の明るい領域と暗い領域を比較したときの「明るさの差」を意味する。輝度コントラストが高いとハッキリと明瞭に画像が見え、逆に低いとぼんやりと見える。ここでは、第 3 章 5 節で作成したグレーティングを実験刺激として用いよう。グレーティングは白黒の縞模様であるが、白と黒の明るさの差が輝度コントラストとなる。どの程度の輝度コントラストの増加があれば、その変化に気づくことができるか（輝度コントラスト弁別閾）を調べることが本実験の目的である。

　文章で説明するよりも、実際に見た方が早いだろう。プログラミングを開始しよう。いきなり実験全体を組み上げるのは骨が折れる作業なので、まずは刺激を 1 回だけ提示するプログラムを組むことにする。

第6章　実験プログラムを作る：閾値の測定

───── コントラスト弁別刺激を提示するプログラム ─────

```
function lr = TrialCD(cStd, cAdd)

% 刺激の設定
imageSize = 200;
frequency = 4;

% 画面全体にウィンドウを開く
[mainWindow, wRect] = Screen('OpenWindow', 0, [128 128 128]);
[xCenter, yCenter] = RectCenter(wRect);
HideCursor;

% グレーティングの計算とテクスチャの作成
stepsize = 2 * pi / (imageSize-1);
x = -pi: stepsize: pi;
wave = sin(x.* frequency);

waveStd = wave.* cStd;
waveStd = (waveStd + 1)./2.* 255;
gratingStd = repmat(waveStd, imageSize, 1);
texStd = Screen('MakeTexture', mainWindow, gratingStd);

waveTarget = wave.* (cStd + cAdd);
waveTarget = (waveTarget + 1)./2.* 255;
gratingTarget = repmat(waveTarget, imageSize, 1);
texTarget = Screen('MakeTexture', mainWindow, gratingTarget);

% 刺激の描画
lr = randi(2, 1) * 2 - 3;
xShift = lr * imageSize;
```

6.1 コントラスト弁別課題のための刺激提示

```
pos = [xCenter - imageSize/2 + xShift ...
    yCenter - imageSize/2 ...
    xCenter + imageSize/2 + xShift ...
    yCenter + imageSize/2];
Screen('DrawTexture', mainWindow, texTarget, [], pos);

pos = [xCenter - imageSize/2 - xShift ...
    yCenter - imageSize/2 ...
    xCenter + imageSize/2 - xShift ...
    yCenter + imageSize/2];
Screen('DrawTexture', mainWindow, texStd, [], pos);

% 画面に表示
Screen('Flip', mainWindow);

% 3 秒待って、ウィンドウを閉じる
WaitSecs(3);
ShowCursor;
Screen('CloseAll');
```

　プログラムを保存したら、コマンドウィンドウに TrialCD(0.1, 0.3) と入力して実行しよう。2 つのグレーティングが画面に表示されるはずだ。一方の輝度コントラストが他方より高いのに気がついただろうか？

　ところで、この関数 TrialCD() は、どこかで見たような関数ではないだろうか？　この関数は、多くの部分が第 3 章 5 節で作成した関数 CreateGrating() と共通している。主な変更点は 3 つある。第一に、CreateGrating() はグレーティングをひとつしか作成しなかったが、TrialCD() では 2 つ作成する。一方のグレーティングは標準刺激で、もうひとつのグレーティングは標準刺激よりも輝度コントラストが高い刺激（ターゲット刺激）である。2 つのうち、どちら

135

第6章 実験プログラムを作る:閾値の測定

がターゲット刺激かを判断すること(強制二肢選択)が実験参加者の課題となる。

二つめの変更点はパラメータにある。TrialCD() はグレーティングの輝度コントラストをパラメータとして受け取る。第一パラメータの値は標準刺激の輝度コントラスト、第一・第二パラメータの合計値がターゲット刺激の輝度コントラストとなる。以前に作成した CreateGrating() では、輝度コントラストは最大値1に固定されていた。

標準刺激とターゲット刺激がそれぞれ左右のどちらに提示されるかをランダムに決定している点が3つめの変更点である。この決定は、lr = randi(2, 1) * 2 - 3; によって行われる。randi(imax, n) は、1 から imax までの整数をランダムに選び、それを n×n の配列変数に格納する関数である。ここで使っている randi(2, 1) の場合、1 か 2 の数値を返すことになる。そして、上記の計算を経て、変数 lr に 1 もしくは −1 が格納される。1 の場合、ターゲットが右に、標準刺激が左に提示される。−1 の場合は、その逆である。プログラム最初の行を見れば、TrialCD() は変数 lr の値を返すことがわかる。

その他にも、画像の保存を行わないことなど、小さな変更点はいくつかある。これらに関する説明は省略するが、ここまで勉強してきた読者ならプログラムを見て理解することは難しくないだろう。

6.2 試行の繰り返し

前節では視覚刺激提示を伴う一試行を作成したわけだが、1回の実験は複数の試行から構成されている。強制二肢選択の場合、適当に答えても 50%の確率で正解するので、恒常法を用いて信頼のおける測定値(ここでは正答率)を得るためには最低でも 40 試行を条件ごとに行う必要があるだろう。しかし、ここでは時間を節約するために、各条件 20 試行に設定する。では、試行を繰り返し実施するためのループを組み込んだプログラムを作成しよう。この関数 ExperimentCD1() は TrialCD() を改造したもので、グレーティングの提示を 120 試行繰り返す。

刺激提示を繰り返すプログラム

```
function ExperimentCD1(cStd)

% 実験の設定
cAddConditions = [0.0025 0.005 0.01 0.02 0.04 0.08];
trialNum = 20;
cAddList = repmat(cAddConditions, 1, trialNum);
rng('shuffle');
cAddList = Shuffle(cAddList);
maxTrial = length(cAddList);

imageSize = 200;
frequency = 4;

% 画面全体にウィンドウを開く
[mainWindow, wRect] = Screen('OpenWindow', 0, [128 128 128]);
[xCenter, yCenter] = RectCenter(wRect);
HideCursor;

% グレーティングの計算と標準刺激の作成
stepsize = 2 * pi / (imageSize-1);
x = -pi: stepsize: pi;
wave = sin(x.* frequency);

waveStd = wave.* cStd;
waveStd = (waveStd + 1)./2.* 255;
gratingStd = repmat(waveStd, imageSize, 1);
texStd = Screen('MakeTexture', mainWindow, gratingStd);

for i = 1:maxTrial
```

```
% ターゲット刺激の作成
waveTarget = wave.* (cStd + cAddList(i));
waveTarget = (waveTarget + 1)./2.* 255;
gratingTarget = repmat(waveTarget, imageSize, 1);
texTarget = Screen('MakeTexture', mainWindow, gratingTarget);

% 刺激の描画
lr = randi(2, 1) * 2 - 3;
xShift = lr * imageSize;
pos = [xCenter - imageSize/2 + xShift ...
    yCenter - imageSize/2 ...
    xCenter + imageSize/2 + xShift ...
    yCenter + imageSize/2];
Screen('DrawTexture', mainWindow, texTarget, [], pos);

pos = [xCenter - imageSize/2 - xShift ...
    yCenter - imageSize/2 ...
    xCenter + imageSize/2 - xShift ...
    yCenter + imageSize/2];
Screen('DrawTexture', mainWindow, texStd, [], pos);

% 画面に表示
Beeper(400);
WaitSecs(0.1);
Screen('Flip', mainWindow);

% 1秒待って画面を消去
WaitSecs(1);
Screen('FillRect', mainWindow, [128 128 128]);
Screen('Flip', mainWindow);
```

6.2 試行の繰り返し

```
        Screen('Close', texTarget);

        % 0.1 秒待つ
        WaitSecs(0.1);
    end

    % ウィンドウを閉じる
    ShowCursor;
    Screen('CloseAll');
```

ExperimentCD1(0.1); と入力して実行だ。全ての提示が終わるまでには 3 分ほどかかる。ターゲット刺激に増加される輝度コントラストには 0.0025〜0.08 までの 6 段階があり、それぞれの増加輝度コントラストごとに 20 試行が行われる。刺激の提示順はランダムである。

プログラムを解説しよう。まず、ExperimentCD1() は標準刺激のコントラストをパラメータとして受け取る。1 回の実験において標準刺激は固定されているわけだ。そして、最初の 5 行で実験条件に関する設定が行われる。変数 cAddConditions がターゲット刺激に増加される輝度コントラストに対応し、変数 trialNum が増加輝度コントラストごとの試行数に対応している。そして、関数 repmat() を使用することで、cAddConditions を trialNum 回だけ繰り返したものを、cAddList に格納する。repmat() は第 3 章でも使ったぞ。覚えているかな。rng('shuffle') は乱数を作るための関数で、次行の Shuffle() や後の randi() を使うためには実行しておく必要がある。さらに、Shuffle(cAddList) で cAddList 内の変数をランダムに並べかえる。これは、刺激提示をランダムな順番で行うための前準備である。length() は配列変数の長さを返す関数で、maxTrial に総試行数（ここでは 120）を格納している。

その後は、基本的に TrialCD() と同様の命令が実行される。重要な変更点は、for ループを使用して刺激提示を繰り返すことである。for ループ内の waveTarget = wave.* (cStd + cAddList(i)); に注目してほしい。増加輝度コントラ

ストとしてcAddList(i)を渡すことにより、試行ごとに増加輝度コントラストを変化させている。1回目の提示ではcAddList(1)が、2回目の提示ではcAddList(2)が、最後の提示ではcAddList(120)が増加輝度コントラストとなる。

forループの最後の部分では、刺激提示後1秒待ち、画面を消去し、0.5秒待ってから、ループの最初に戻っている。また、ここではScreen('Close', texTarget);も実行されている。これは作成したターゲット刺激を消去するための関数だ。ループを繰り返すごとにターゲット刺激を作成しているため、消去しないとコンピュータのメモリ内に刺激がたまってしまう。メモリが圧迫されると、計算が遅くなり、プログラム実行の停止にもつながる。これを回避するため、試行ごとにメモリ内のターゲット刺激を消去している。

また、Beeper()を使って刺激提示のタイミングを音で知らせるように変更した。

6.3 反応の取得と記録

かなり実験らしくなったが、前節で作成したプログラムにはまだ反応の取得と記録が欠けている。これらは第4章と第5章でも扱ったが、ここでおさらいしておこう。実験参加者は、左の刺激の輝度コントラストが高い場合は左矢印キーを、右の場合は右矢印キーを押す。このキー押しを受けつけて、反応の正誤を記録するようにプログラムを変更する。

―――――――― コントラスト弁別実験プログラム ――――――――
```
function ExperimentCD2(cStd)

% 参加者番号の入力とファイルの作成
id = input('参加者番号？');
id = num2str(id);
filename = [date '_CD_' id '.txt'];
fid = fopen(filename, 'at');
```

```
% 反応キーの設定
KbName('UnifyKeyNames');
leftKey = KbName('LeftArrow');
rightKey = KbName('RightArrow');

% 実験の設定
cAddConditions = [0.0025 0.005 0.01 0.02 0.04 0.08];
trialNum = 20;
cAddList = repmat(cAddConditions, 1, trialNum);
rng('shuffle');
cAddList = Shuffle(cAddList);
maxTrial = length(cAddList);

imageSize = 200;
frequency = 4;

% 画面全体にウィンドウを開く
[mainWindow, wRect] = Screen('OpenWindow', 0, [128 128 128]);
[xCenter, yCenter] = RectCenter(wRect);
HideCursor;

% グレーティングの計算と標準刺激の作成
stepsize = 2 * pi / (imageSize-1);
x = -pi: stepsize: pi;
wave = sin(x.* frequency);

waveStd = wave.* cStd;
waveStd = (waveStd + 1)./2.* 255;
gratingStd = repmat(waveStd, imageSize, 1);
texStd = Screen('MakeTexture', mainWindow, gratingStd);
```

第6章 実験プログラムを作る:閾値の測定

```
for i = 1:maxTrial
    % ターゲット刺激の作成
    waveTarget = wave.* (cStd + cAddList(i));
    waveTarget = (waveTarget + 1)./2.* 255;
    gratingTarget = repmat(waveTarget, imageSize, 1);
    texTarget = Screen('MakeTexture', mainWindow, gratingTarget);
    % 刺激の描画
    lr = randi(2, 1) * 2 - 3;
    xShift = lr * imageSize;
    pos = [xCenter-imageSize/2 + xShift ...
        yCenter - imageSize/2 ...
        xCenter + imageSize/2 + xShift ...
        yCenter + imageSize/2];
    Screen('DrawTexture', mainWindow, texTarget, [], pos);

    pos = [xCenter-imageSize/2-xShift ...
        yCenter-imageSize/2 ...
        xCenter + imageSize/2-xShift ...
        yCenter + imageSize/2];
    Screen('DrawTexture', mainWindow, texStd, [], pos);

    % 画面に表示する
    Beeper(400);
    WaitSecs(0.1);
    Screen('Flip', mainWindow);

    % 1秒待って画面を消去する
    WaitSecs(1);
    Screen('FillRect', mainWindow, [128 128 128]);
```

6.3 反応の取得と記録

```
Screen('Flip', mainWindow);

% 反応の取得
while 1
    [keyIsDown, secs, keycode] = KbCheck;
    if keycode(leftKey)
        if lr == -1
            correct = 1;
            Beeper(800);
            break;
        else
            correct = 0;
            Beeper(200);
            break;
        end
    elseif keycode(rightKey)
        if lr == -1
            correct = 0;
            Beeper(200);
            break;
        else
            correct = 1;
            Beeper(800);
            break;
        end
    end
end

% 試行の記録
fprintf(1, ...
```

第 6 章　実験プログラムを作る：閾値の測定

```
                'Standard: %f Trial: %d Difference: %f Answer: %d ￥n', ...
                cStd, i, cAddList(i), correct);
        fprintf(fid, ...
                'Standard: %f Trial: %d Difference: %f Answer: %d ￥n', ...
                cStd, i, cAddList(i), correct);

        % テクスチャを消去し、0.5 秒待つ
        Screen('Close', texTarget);
        WaitSecs(0.5);
    end

    % ファイルとウィンドウを閉じる
    fclose(fid);
    ShowCursor;
    Screen('CloseAll');
```

　この ExperimentCD2() は、最初に input() で参加者番号の入力を受け、それをもとにファイル名の文字列を設定し、fopen() を使用して記録用ファイルを作成する。手順の詳細は第 5 章 7 節を参照してほしい。その後に続くのは KbName() を使用した反応キーの設定だ。

　次の変更点はプログラムのずっと下、for ループ内の while ループである。この while ループでは、KbCheck() でキーが押されているかを確認し、配列変数 keycode を参照してキーが左矢印か右矢印かを判断している。そして、刺激提示位置に応じて正解であれば変数 correct に 1 を、不正解であれば 0 を代入している。break; で while ループを抜けた後は、fprintf() を使用して試行で提示した刺激と反応の正誤についての記録を行っている。KbCheck() と fprintf() についても、詳細は第 5 章 5 節で解説されている。

　ExperimentCD2() では刺激が消えた後に反応を取得しており、刺激が出ている間にキーを押しても記録されない。そのため、実験のテンポが少し悪いよう

に感じる人もいるかもしれない。第 4 章で作成した ChangeBlindness() のように ループをうまく使えば、刺激提示中にキーを記録することは可能だ。ただ、ここではプログラムの分かりやすさを優先した。プログラミングに自信がついてきたら、刺激提示中にもキー反応を受けつけるようにプログラムを改造してみるとよいだろう。

6.4 ガンマ補正

プログラムでは、グレーティングは 0 から 1 の値を持つ変数として記述されている（変数 gratingStd と gratingTarget）。ここでは、0 から 1 の数値にしたがって、表示される明るさが黒から白へと一定に変化することが前提となっている。しかし、実際にディスプレイ上に表示される明るさは図 6.1 の実線で示したように曲線状になることが知られている。つまり、値が小さいときにはあまり明るさが変化せず、値が大きなときに明るさの変動が大きくなる。こうしたディスプレイの特徴はガンマ特性と呼ばれている。ディスプレイに提示した視覚刺激の輝度コントラストや明るさを正確に操作するためには、これが直線状になるように補正してやらなくてはならない（図 6.1 点線）。これがガンマ補正である。

ディスプレイのガンマ特性は $L = (GV)^\gamma$ の式で近似できるとされている。ここで、L はディスプレイに表示される明るさ、V はプログラムにおいて指定した明るさ、G は定数とする。累乗の指数を表す文字が γ（ガンマ）であることが、ガンマ特性やガンマ補正という用語の由来であると思われる。ガンマ補正を行うにあたっては、明るさを指定する際に $1/\gamma$ 乗した値を入力すればよい（図 6.2）。

ディスプレイのガンマ特性を計測するにあたっては、画面上に均一な明るさを表示し、それを輝度計で計測する必要がある。輝度計は結構高価なので大学で借りるとよい。輝度計の準備ができたら、以下のプログラムを実行して画面の輝度を測ろう。

第 6 章 実験プログラムを作る：閾値の測定

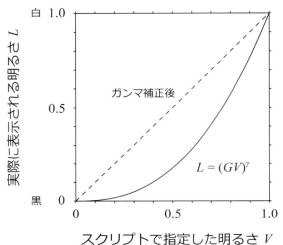

図 **6.1:** ディスプレイのガンマ特性

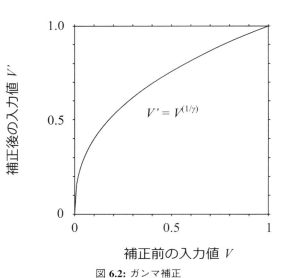

図 **6.2:** ガンマ補正

6.4 ガンマ補正

───── ガンマ補正プログラム ─────

```
function gct = CalibrateMonitor()

% GetNumber() のために実行する
KbName('UnifyKeyNames');

% ディスプレイ入力の最大値を取得する
screenid = max(Screen('Screens'));
win = Screen('OpenWindow', screenid, 0);
maxLevel = Screen('ColorRange', win);
HideCursor;

% 9段階の入力値を設定する
vals = [];
inputV = 0: (maxLevel+1)/8: (maxLevel+1);
inputV(end) = maxLevel;

% 画面の輝度を測って入力 9回繰り返す
for i = inputV
    Screen('FillRect',win,i);
    Screen('Flip',win);

    fprintf('Value? ');
    resp = GetNumber;
    fprintf('%f', resp);
    fprintf('/n');
    vals = [vals resp];
end

ShowCursor;
```

第6章　実験プログラムを作る:閾値の測定

```
Screen('CloseAll');

% 関数の当てはめ
rV = inputV/maxLevel;
powerF = @(x) ((x(1) * rV(1)) ^x(2)-vals(1)) ^2 ...
    + ((x(1) * rV(2)) ^x(2)-vals(2)) ^2 ...
    + ((x(1) * rV(3)) ^x(2)-vals(3)) ^2 ...
    + ((x(1) * rV(4)) ^x(2)-vals(4)) ^2 ...
    + ((x(1) * rV(5)) ^x(2)-vals(5)) ^2 ...
    + ((x(1) * rV(6)) ^x(2)-vals(6)) ^2 ...
    + ((x(1) * rV(7)) ^x(2)-vals(7)) ^2 ...
    + ((x(1) * rV(8)) ^x(2)-vals(8)) ^2 ...
    + ((x(1) * rV(9)) ^x(2)-vals(9)) ^2;
x0 = [1 2];
[x, fval] = fminsearch(powerF, x0);

v = ([0:255]./ 255)';
v = v.^ (1./ x(2));

% ガンマ補正データの保存
gct = repmat(v, 1, 3);
save MyGammaTable gct;
```

このプログラムは、Psychtoolbox の CalibrateMonitorPhotometer() をもとに作成したものである。実行すると画面が真っ黒になるので、輝度計で明るさを測り、キーボードから計測値を入力しよう。リターンキーを押すと、少し画面が明るくなるので、計測と入力を繰り返す。これを9回行うと、プログラムはガンマ補正用のデータを変数 gct に格納し、それを MyGammaTable というファイル名で保存する。このプログラムはガンマ補正のためのものであり、心理

学実験に直接応用できるような新しいテクニックは使われていないので、詳細の説明は省くことにする。本書を全部読んで、プログラミングに自信がついてきたら、解読してみるとよいだろう。特に、fminsearch() は筆者の好きな関数のひとつだ。

では、作成された変数 gct を使ってガンマ補正を行うように実験プログラムを変更しよう。これはいたって簡単で以下の 2 つの命令を挿入するだけでよい。

```
load MyGammaTable;
Screen('LoadNormalizedGammaTable', mainWindow, gct);
```

この 2 行を加えた ExperimentCD3() を作成しよう。

―――― ガンマ補正を伴うコントラスト弁別実験プログラム ――――
```
function ExperimentCD3(cStd)

% 参加者番号の入力とファイルの作成
id = input('参加者番号？');
id = num2str(id);
filename = [date '_CD_' id '.txt'];
fid = fopen(filename, 'at');

% 反応キーの設定
KbName('UnifyKeyNames');
leftKey = KbName('LeftArrow');
rightKey = KbName('RightArrow');

% 実験の設定
```

第6章　実験プログラムを作る：閾値の測定

```
cAddConditions = [0.0025 0.005 0.01 0.02 0.04 0.08];
trialNum = 20;
cAddList = repmat(cAddConditions, 1, trialNum);
rng('shuffle');
cAddList = Shuffle(cAddList);
maxTrial = length(cAddList);

imageSize = 200;
frequency = 4;

% 画面全体にウィンドウを開く
[mainWindow, wRect] = Screen('OpenWindow', 0, [128 128 128]);
[xCenter, yCenter] = RectCenter(wRect);
HideCursor;

% ガンマ補正　この2行を加える
load MyGammaTable;
Screen('LoadNormalizedGammaTable', mainWindow, gct);

% グレーティングの計算と標準刺激の作成
stepsize = 2 * pi / (imageSize-1);
x = -pi: stepsize: pi;
wave = sin(x.* frequency);

waveStd = wave.* cStd;
waveStd = (waveStd + 1)./2.* 255;
gratingStd = repmat(waveStd, imageSize, 1);
texStd = Screen('MakeTexture', mainWindow, gratingStd);

for i = 1:maxTrial
```

% ターゲット刺激の作成
waveTarget = wave.* (cStd + cAddList(i));
waveTarget = (waveTarget + 1)./2.* 255;
gratingTarget = repmat(waveTarget, imageSize, 1);
texTarget = Screen('MakeTexture', mainWindow, gratingTarget);

% 刺激の描画
lr = randi(2, 1) * 2 - 3;
xShift = lr * imageSize;
pos = [xCenter-imageSize/2 + xShift ...
    yCenter-imageSize/2 ...
    xCenter + imageSize/2 + xShift ...
    yCenter + imageSize/2];
Screen('DrawTexture', mainWindow, texTarget, [], pos);

pos = [xCenter-imageSize/2 - xShift ...
    yCenter - imageSize/2 ...
    xCenter + imageSize/2 - xShift ...
    yCenter + imageSize/2];
Screen('DrawTexture', mainWindow, texStd, [], pos);

% 画面に表示する
Beeper(400);
WaitSecs(0.1);
Screen('Flip', mainWindow);

% 1秒待って画面を消去する
WaitSecs(1);
Screen('FillRect', mainWindow, [128 128 128]);
Screen('Flip', mainWindow);

第6章 実験プログラムを作る：閾値の測定

```
% 反応の取得
while 1
    [keylesDown, secs, keycode] = KbCheck;
    if keycode(leftKey)
        if lr == -1
            correct = 1;
            Beeper(800);
            break;
        else
            correct = 0;
            Beeper(200);
            break;
        end
    elseif keycode(rightKey)
        if lr == -1
            correct = 0;
            Beeper(200);
            break;
        else
            correct = 1;
            Beeper(800);
            break;
        end
    end
end

% 試行の記録
fprintf(1, ...
    'Standard: %f Trial: %d Difference: %f Answer: %d ￥n', ...
```

```
                cStd, i, cAddList(i), correct);

        fprintf(fid, ...
            'Standard: %f Trial: %d Difference: %f Answer: %d ￥n', ...
            cStd, i, cAddList(i), correct);
        % テクスチャを消去し、0.5 秒待つ
        Screen('Close', texTarget);
        WaitSecs(0.5);
    end

    % ファイルとウィンドウを閉じる
    fclose(fid);
    ShowCursor;
    Screen('CloseAll');
```

load MyGammaTable; を用いて、さきほど保存した変数 gct を読み込むことができる。そして、Screen('LoadNormalizedGammaTable') はガンマ補正を行うための Psychtoolbox 関数だ。第 2 パラメータに補正を行うウィンドウへのポインタ、第 3 パラメータにガンマ補正のためのデータを受け取る。後は、Psychtoolbox が自動的に入力値を変換し、画面に表示される明るさを補正してくれる。

6.5　正答率データの分析

OK！　これで実験の準備が整った。ExperimentCD3(0.1) をコマンドウィンドウから実行し、120 試行を行おう。実験が終了すると、「日付_CD_参加者番号」というファイル（例えば、11-Jun-2015_CD_1）にデータが保存されているはずだ。

このファイルを Excel で開いて集計する。まず Excel を立ち上げ、ファイル

第 6 章　実験プログラムを作る：閾値の測定

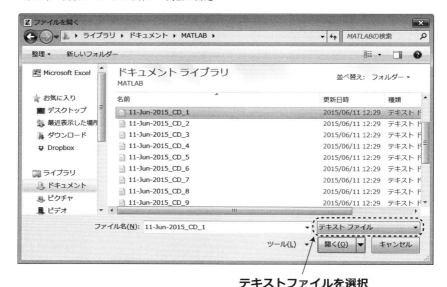

図 6.3: Excel でファイルを開く。

メニューから「開く」を選ぼう。データはテキストファイル形式で保存されているので、ファイルの種別を「テキストファイル」に変更しないと表示されないぞ（図 6.3）。該当するファイルを選択したら、ウィンドウ内の「開く」をクリックだ。

すると、Excel はテキストファイルウィザードというウィンドウを開くので、「カンマやタブなどの区切り文字によってフィールドごとに区切られたデータ」を選択して、「次へ」をクリックする（図 6.4 上）。そして、区切り文字として「スペース」をチェックしたら、「完了」をクリックしよう。画面いっぱいに文字列が表示されたかな。これが加工前の生（なま）データ、あるいはロウデータ（raw data）だ。

ロウデータでは 1 行が 1 試行に対応しており、標準刺激の輝度コントラスト（Standard）、試行番号（Trial）、増加輝度コントラスト（Difference）、回答の成否（Answer）が記載されている。answer が 0 なら回答が不正解、1 なら正解

6.5 正答率データの分析

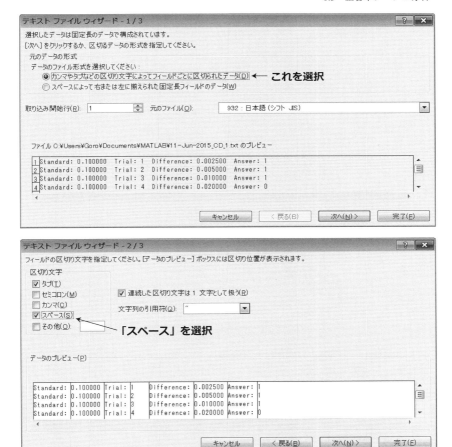

図 6.4: Excel のテキストファイルウィザード

であったことを意味している。

では、ロウデータを料理してやろう。表の左上隅をクリックして表全体を選択し、「データ」メニューから「並び替え」のアイコンをクリックする（図 6.5 上）。そして、表示された「並べ替え」ウィンドウ内の「最優先されるキー」を「列 F」に設定してから、「OK」をクリックだ（図 6.5 下）。列 H は増加輝度

第6章 実験プログラムを作る：閾値の測定

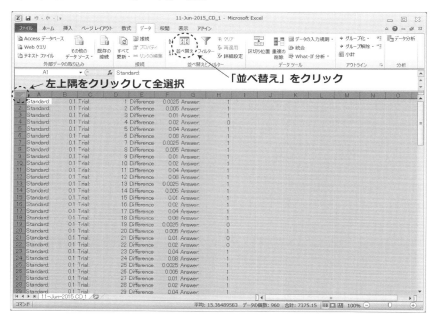

図 6.5: データの並べ替え

コントラストの値に対応しており、増加輝度コントラストごとにデータを並べ替えることができる。

並べ替えが終わったら、異なる増加輝度コントラストごとに正答率を計算する。EXCEL 関数の COUNTIF() を使うとよいだろう（図 6.6）。例えば、増加輝

6.5 正答率データの分析

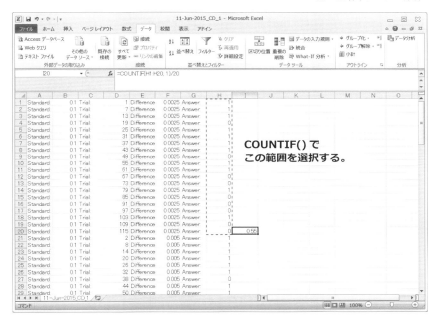

図 6.6: EXCEL を用いた正答率の計算

度コントラスト 0.25％ (0.0025) の場合には =COUNTIF(H1:H20, 1)/20 と入力する。つまり、H 列 1 行目から H 列 20 行目までに正解 (1) がいくつあるかを数えて、試行数 20 で割るわけだ。同様にして、他の 5 つの増加輝度コントラストにおける正答率も求めよう。

例えば、表 6.1、図 6.7 のようなデータが得られたとする。正答率 75％ となる増加輝度コントラストを弁別閾とすると、標準刺激の輝度コントラストが 0.1 のときの弁別閾はだいたい 1.5％ くらいだとわかる。より厳密さを求めるなら、データに対して心理測定関数 (psychometric function) をあてはめて閾値を求める必要がある。しかし、本書でこれを扱うのは少し荷が重い。心理測定関数だけで 1 冊本を書くことができるくらいだ。心理測定関数については次章で少しアドバイスしよう。

もし、正答率が全体的に低すぎて閾値を求められないようなら、増加輝度コ

第 6 章 実験プログラムを作る：閾値の測定

表 6.1: 正答率データ例

	増加輝度コントラスト					
	0.005	0.01	0.02	0.04	0.08	0.16
正答率	0.55	0.60	0.70	0.80	0.95	1

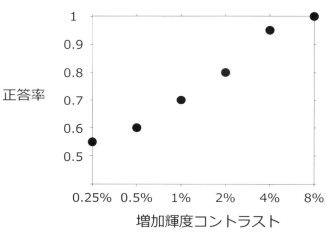

図 6.7: 正答率データ例

ントラストの範囲を高い方にずらして再実験するとよい。具体的には、ExperimentCD3() の第 15 行で増加輝度コントラストが設定されているので、cAddConditions = [0.01 0.02 0.04 0.08 0.16 0.32]; といったふうに値を大きくする。

　目ざとい読者は、増加輝度コントラストが倍々で変化していることに気づいているだろう。これは、感覚量は刺激の強さの対数に比例するというウェーバー・フェヒナーの法則に基づいたものだ。例えば、輝度コントラストの知覚において 1% が 2% になるのと、4% が 5% になるのでは、後者の方が変化は小さく感じられる。物理的な輝度コントラストではなく、知覚された輝度コントラストにおいて等間隔になるように増加輝度コントラストを倍々で変化させているわけだ。

先にも述べたが、今回のプログラムではひとつの正答率を求めるにあたって20試行しか行っていない。恒常法の場合、この試行数は少なすぎるので正答率が不自然に高かったりするかもしれない。偶然に連続して正解してしまうことがあるためだ。逆に、不正解を続けてしまうこともあるだろう。こうした事態を避けるため、実際に研究を行う際には刺激強度ごとに40〜100試行は実施する必要がある。試行数は多いほどよいのだが、実験にかかる時間が長くなってしまうのが悩ましいところだ。もし、ExperimentCD3() で得た正答率が図6.7のようになだらかに変化していないのなら、変数 trialNum を 40 くらいに増やしてもよいだろう。

6.6　次は？

　標準刺激の輝度コントラストが0.1のときの弁別閾が明らかになった。興味があるなら、0.2と0.4のときの弁別閾も計測し、標準輝度コントラストと弁別閾の関係について調べてみてもよい。どのように閾値が変化すると思うかい？

　ここまでよく頑張った！　読者はもう、簡単な心理学実験なら自身でプログラミングすることができるはずだ。後は工夫と発想が重要で、これを磨くには経験あるのみである。自分の研究を計画し、実験を実施してほしい。

　しかしながら、研究論文として投稿するレベルの実験を行うならば、まだ超えなくてはならないハードルがいくつかある。次章では、より上級の技術への取り組みについてアドバイスしたい。さきほど話した心理測定関数についても述べることにしよう。

第 7 章　これから先は？

　素晴らしい！　MATLAB と Psychtoolbox を使ったプログラミングの基礎を習得した！　後は、読者自身が実験計画を立て、独自のプログラムを作成していってほしい。しかし、何の手がかりもなしに、自分一人で新しいプログラムに取り組むのは難しいだろう。本章では、より高度で実践的なプログラミング技術を学ぶヒントや、心理学実験にまつわる特殊なテクニックなどについて、補足説明していくことにしよう。

7.1　デモプログラムを参考にしよう

　Psychtoolbox には、心理学実験プログラミングの参考になるデモが含まれている。何か新しいことを自分のプログラムに組み込もうとしているなら、それがデモで扱われているかを調べてみるとよいだろう。自分で 1 から全てを開発するよりも、熟練者が使用しているテクニックを流用する方が早いし確実だ。

　例えば、心理学実験の多くは、キーボードを使って実験参加者の反応を取得する。また、キーを押すことで試行を開始したり、実験を中断したりすることもあるだろう。こうしたキー押しに関わるテクニックを学ぶなら KbDemo が参考になる。コマンドウィンドウに KbDemo と入力すれば、デモが始まるので試してみよう。このデモは①押されたキーとキーコード（キーに割り振られた番号）を表示する、②押されたキーと押されるまでの経過時間を表示する、③キーが押されるまでの時間を表示する、④キーで円を動かす、という 4 部構成になっている。問題なくデモが動作したなら、Psychtoolbox フォル

ダ内のPsychDemosフォルダに保存されているプログラムKbDemoをエディターで開き、プログラムを読んでみよう。Psychtoolboxフォルダは、Windowsの場合はCドライブに、MacOSの場合はApplicationsフォルダに置かれている。

もし、コマンドウィンドウに押したキーが表示されるだけで何も起こらないなら、いったんプログラムを強制終了しよう。そして、プログラム2行目にListenChar(2);を、最終行にListenChar(0);を挿入し、ファイルを保存してから再度kbDemoを実行すれば動作するはずだ。ListenChar()の詳細については、巻末の関数一覧で解説されている。

休憩の指示など、実験参加者への教示にあたって画面に文字を表示したいなら、DrawSomeTextDemoとDrawFormattedTextDemoを見るとよい。連続して刺激を提示する方法やグレーティングを描画する方法を探しているなら、DriftDemoが役立つだろう。他にも参考になるデモはたくさんあるので、PsychDemosフォルダの中にあるデモをどんどん試してみよう。上級者の書いたプログラムからテクニックを拝借していくのが、上達への早道だ。環境によってはうまくデモが動作しないこともあるだろうが、それを解決するのも訓練だと思ってがんばろう。

7.2 関数リファレンスとサポートフォーラム

Psychtoolboxウェブサイト (http://psychtoolbox.org/) には多くの情報があるが、プログラミングにあたって特に有益なのが関数リファレンスとサポートフォーラムだ。それぞれ、ウェブサイト内の "Function Reference" と "Forum" からリンクしている。

関数リファレンスでは、Psychtoolbox関数のヘルプをまとめて検索することが可能だ。例えば、ジョイスティックを実験に使いたいと思うなら、右上の空欄にjoystickと入力してみよう。すると、joystickを含むヘルプがいくつか表示される。GamePad()のヘルプを参照すれば、この関数を使うことでジョイスティックなどのゲームコントローラーを制御できることが分かる。また、ページ最下部には、用途ごとに関数ヘルプへのリンクがまとめられている。何か新

7.2 関数リファレンスとサポートフォーラム

図 7.1: Psychtoolbox ウェブサイト

第 7 章　これから先は？

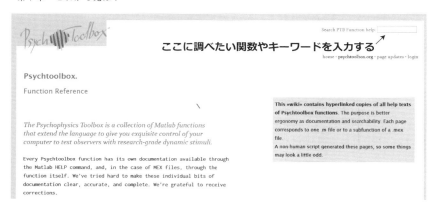

図 7.2: 関数リファレンス

しくやりたいことがあるときは、役に立つ関数があるかどうかを関数リファレンスで確認しよう。

問題の解決方法が分からないときには、まずはウェブサイトの FAQ（よくある質問）に目を通すべきだ。そして、それでも問題が解決しないときの最終手段としてサポートフォーラムがある。ウェブサイトの "Forum" をクリックすると、サポートフォーラムの使い方についての説明が表示されるので読んでおこう。何か自分で質問をする場合は、"≫ How To Ask Questions The Smart Way ≪" をクリックして、質問の作法について理解しておく必要がある。要領を得ない質問をフォーラムに投稿すると、冷たくあしらわれてしまうぞ。フォーラムには膨大な質問がよせられているので、当面は質問をせず、過去のトピックを調べるのが無難だろう。だいたい皆、同じようなトラブルを抱えているものだ。

サポートフォーラムに関する説明の最下部に "Continue to Support Forum" というリンクがある。ここをクリックすれば、フォーラムを閲覧することができる。ページが表示されたら最上部の空欄にキーワードを入力し、"Search Groups" をクリックしよう（図 7.3）。過去のトピックを検索することができる。フォーラムから必要な情報を探すのは骨が折れる作業だが、そこでは様々なプログラミングテクニックが披露されている。

7.3 心理測定関数の当てはめ

図 7.3: サポートフォーラム

7.3 心理測定関数の当てはめ

　厳密に閾値を計算するならばデータに心理測定関数を当てはめる必要があると前章で述べた。心理測定関数の当てはめとは、おおざっぱに言えば、取得したデータを滑らかにつなぐように曲線を引くことである。例を図 7.4 に示したので、見てほしい。この図の横軸は刺激の物理的な強さ、縦軸は正答率で、前章の閾値実験のデータがプロットされている。プロットした点を結ぶようにＳ字カーブが重なっており、このカーブ上で正答率 0.75（75％）のときの刺激強度を閾値とする。計算によると、この閾値は 1.4％ だ。心理測定関数の当てはめは取得したデータ全てに基づいて行われるので、一部の測定値を用いるよりも閾値の信頼性が高いという利点がある。

　図 7.4 のように刺激強度と反応との関係を表した関数を心理測定関数（psychometric function）と呼ぶ。閾値実験における心理測定関数はＳ字カーブを描くことが知られている。つまり、刺激強度が上がると、閾値の近くで正答率が急激に上昇し、その後の正答率の変化は緩やかになる。こうした心理測定関数

第 7 章 これから先は？

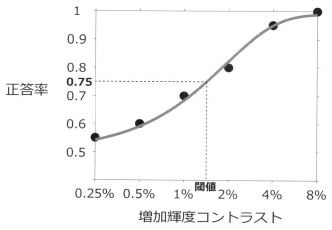

図 7.4: 心理測定関数の当てはめ

（S字カーブ）を表した数式はいくつかあり、累積正規分布やロジスティック関数、ワイブル関数などがよく使われる。さきほどの閾値計算では、ワイブル関数を使用して当てはめを行った。

具体的にどのようにして当てはめを行うかだが、いくつかの方法がある。比較的導入しやすいのは psignifit Toolbox だろう。これは心理学者の Wichmann と Hill が開発した心理学実験データ分析用の Toolbox で、MATLAB 上で動作する。無料で提供されており、ウェブサイトからダウンロードすることができる (http://bootstrap-software.com/)。使用方法はウェブサイトとダウンロードしたファイルに記載されている。

筆者がよく使うのは Palamedes という名の Toolbox で、これも MATLAB 上で動作する。心理学者の Nicolaas Prins と Frederick Kingdom が開発したもので、無料で提供されており、ウェブサイトからダウンロードできる (http://www.palamedestoolbox.org/)。ただし、詳しい使用方法はウェブサイトに記載されておらず、彼らの著書 "Psychophysics: A Practical Introduction" を購入して読む必要がある。プログラミングに自信がある読者なら、本を購入しなくてもPalamedes のデモプログラムを読むことで使用方法を理解することもできるだ

ろう。PalamedesDemos フォルダにある PAL_PFML_Demo が参考になる。興味と意欲がある読者は挑戦してみよう。

　Psychtoolbox も心理測定関数に関連した関数を持っており、Psychtoolbox フォルダ内の Psychometric フォルダに保存されている。しかし、関数を実行するには Mathworks 社から有料で提供されている Optimization Toolbox が必要となる場合が多い。もし、読者が Optimization Toolbox を持っているなら、これらの関数を試してみてもよい。

7.4　CRT と液晶ディスプレイ

　かつて、コンピュータに接続されるディスプレイは巨大な CRT で、机の大半を占拠してしまっていた。現在では液晶ディスプレイに取って代わられており、CRT は一般には流通していない。しかし、液晶ディスプレイには CRT に比べると表示に時間がかかるという欠点がある。この遅延は大きくても 10 ミリ秒程度で、ワープロを使ったり、動画を視聴したりするぶんには全く問題にならないほど小さい。一方で、ミリ秒単位で刺激提示を制御する視覚実験においては大問題となる（あと、ミリ秒の反応を競い合うビデオゲームプレイヤー達にとっても）。そういうわけで、世界中の視覚研究者は CRT を買い込んで保管しており、彼らの実験室には今でも箱入りの CRT が積まれている。

　液晶ディスプレイを使用しても、マスキングや注意の瞬きに関する実験では CRT と同様の結果を得られたとする報告はある（Kihara, Kawahara, & Takeda, 2010）。しかし、遅延があるのは事実なので、迅速な刺激切り替えが必要な実験の場合には液晶ディスプレイは避け、CRT を使用する方が無難であろう。

　別の選択肢としては、VIEWPixx（VPixx Technologies 社）と呼ばれる液晶ディスプレイと刺激提示装置のセットが 2013 年に発売された。この VIEWPixx の液晶ディスプレイは特殊で、CRT 並の速度で刺激を書き換えることが可能になっている。VIEWPixx は Psychotoolbox を使って制御することができるので、読者はこれまで得たプログラミング知識をそのまま応用できる。問題は価格がとても高いことなので（車を買えるくらいに高い）、読者の所属する研究室が多額の研究予算を持っているなら購入を検討してもよいだろう。

第 7 章　これから先は？

7.5　輝度解像度の向上

　輝度解像度にまつわる問題は、微妙な明るさや輝度コントラストを操作する実験において重要となる。言語や記憶など、高次の認知機能に関する実験を計画している場合はあまり気にする必要はないだろう。そうした読者は、この節をスキップしてもよい。

　輝度解像度とは、どれだけ細かく明るさを調節することが可能であるかを意味する。画面に表示される色は RGB（赤と緑と青）の 3 つの値によって指定されるが、色の種類には限界がある。コンピュータに搭載されているビデオカードの多くは、それぞれの値を 0〜255 の 256 階調（8 ビット）で指定することができる。つまり、256 の 3 乗で 16,777,216 色を表示することができるわけだ。これだけあれば十分だと思うかもしれないが、画像をグレースケール（白黒）で表示する場合には話が違ってくる。RGB の値が同一のときにグレーや白になるので、グレースケールは白から黒まで 256 階調しかないのだ。ディスプレイの最高輝度が 100 cd/m^2 だとすると、おおざっぱな計算だが、$100 \div 256 = 0.390$ で約 0.4 cd/m^2 刻みでしか明るさが変化しないことになる。低いコントラストの刺激を提示する場合、これは大きな問題となる。例えば、コントラスト 1% のサイン波グレーティングを出すとしよう。平均輝度が 50 cd/m^2 の場合、グレーティングは 49.5 cd/m^2 から 50.5 cd/m^2 の間、わずか 1 cd/m^2 の範囲で輝度がサイン関数に従って変動することになる。先ほど計算した 0.4 cd/m^2 という単位ではおおざっぱすぎて、とてもサイン関数を描くことはできない。

　輝度解像度の問題を解決するには、特別な装置が必要になる。そうした装置のひとつが Cambridge Research System 社の Bits #で、これをコンピュータとディスプレイとの間に接続することで、輝度解像度は 16384 階調（14 ビット）になる。Psychtoolbox は Bits #を用いた刺激提示に対応しているので、読者が低コントラスト刺激を用いた実験を計画しているなら購入を検討しよう。

　また、近年、より多くの色を表示可能なビデオカードが販売されるようになってきた。先に述べたように、多くのビデオカードは RGB それぞれが 256 階調（8 ビット）となっているが、1024 階調（10 ビット）のビデオカードも販売

されている。こうした高機能のビデオカードを使用することでも輝度解像度を向上させることは可能である。

7.6　さあ、やってみよう

　これで、まあ終わりかな。ざっと一通りのことは説明したと思う。筆者はプログラミングが好きだ。解消されないエラーのストレスはかなりのものだが、プログラムが思い通りに動作したときはパズルのピースがピタっとはまったような喜びと解放感が得られる。こうした楽しさを読者も共有してくれるなら、とてもうれしい。

付録　関数一覧

　この付録では、本書で扱った関数のうち重要なものについて簡単に説明する。より正確で詳細な説明が必要なときには、"help 関数名" とコマンドウィンドウに入力し、表示されるヘルプを参照すること。Screen() 関数のヘルプは、'Screen サブ関数名？' で表示される。例えば、Screen('OpenWindow') のヘルプを参照したい場合、'Screen OpenWindow?' と入力する。

B

Beeper(frequency)
目的：ビープ音を鳴らす。
解説：変数 frequency で設定された周波数（Hz）のビープ音が 0.15 秒間鳴る。パラメータを渡さない場合には 400 Hz に設定される。MATLAB 関数に beep() という関数がすでにあるために、変な名前になってしまったとのこと。
種別：Psychtoolbox 関数
ページ：85、138、140、142、143、151、152

C

str = char(cellArray)
目的：様々な変数を文字列に変換する。

付録　関数一覧

解説：本書では、セル配列を文字列に変換し、fprintf() に渡すために使用している。これは、fprintf() はセル配列をパラメータとして受け取ることができないためである。
種別：MATLAB 関数
ページ：36、38、39、42

m = csvread(filename)
目的：カンマで区切られたファイル（csv）を読み込む。
解説：文字列 fileName で指定された csv ファイルの内容を配列変数 m として返す。
種別：MATLAB 関数
ページ：111、118

D

str = date()
目的：日月年の文字列（dd-mmm-yyyy）を返す。
種別：MATLAB 関数
ページ：19、116、140、149

F

fclose(fileID)
目的：ファイルを閉じる。
解説：fopen() で開いたファイルは fclose() で閉じる必要がある。パラメータには、fopen() の戻り値であるファイル識別子 fileID を渡す。
種別：MATLAB 関数
ページ：43、114、144、153

fileID = fopen(filename, 'a')
目的：ファイルを開く。
解説：文字列 filename で指定したファイルを開き、そのファイル識別子を返

す。2つめのパラメータに'a'を渡しておくと、fprintf()を使用してファイルの末尾に書き込みを行うことができる。

種別：MATLAB 関数

ページ：41-43、110、116、140、144、149

fprintf(fileID, str)

目的：データをコマンドウィンドウもしくはファイルに書き込む。

解説：fileIDに1を渡すと、コマンドウィンドウに文字列strを表示する。ファイルにstrを書き込む場合には、fopen()が返すファイル識別子をfileIDとして渡す必要がある。変数を書き込むこともできるが、これについてはヘルプを参照すること。

種別：MATLAB 関数

ページ：27、33-43、72、76、110、113、117、123、143、144、147、152、153

G

s = GetSecs()

目的：起動してから経過した時間を返す。

解説：現在の経過時間 s の単位は秒であるが、小数点以下もあるのでミリ秒（つまり0.001秒）も扱える。反応時間実験を行うのに十分な正確さを持つ関数である。

種別：Psychtoolbox 関数

ページ：72、75、79、90、91、93、94、112

H

help 関数名

目的：関数のヘルプをコマンドウィンドウに表示する。

種別：MATLAB 関数

ページ：171

付録　関数一覧

HideCursor()
目的：マウスカーソルを消す。
解説：消したマウスカーソルを再び表示するには、ShowCursor() を実行する。
種別：Psychtoolbox 関数
ページ：78、83、89、111、134、137、141、147、150

I

imdata = imread(filename)
目的：画像を読み込む。
解説：文字列 filename で指定したファイルから画像を読み込み、画像データを配列変数 imdata として返す。
種別：MATLAB 関数
ページ：45、46、48、72、78、89、92、111、120

imwrite(imdata, filename, fmt)
目的：画像データをファイルに保存する。
解説：配列変数 imdata を文字列 filename で指定したファイルに画像として保存する。ファイル形式は文字列 fmt で指定する。
種別：MATLAB 関数
ページ：53、56、58、61

r = input(text)
目的：コマンドウィンドウからの入力を受ける。
解説：コマンドウィンドウに文字列 text を表示し、入力を待つ。入力された値や文字列 r を返す。
種別：MATLAB 関数
ページ：110、114-116、140、144、149

K

[keyIsDown, secs, keycode] = KbCheck()
目的：キーボードのどのキーが押されているかをチェックする。
解説：いずれかのキーが押されている場合は変数 keyIsDown に 1、押されていない場合は 0 を返す。またキーが押された時間を変数 secs（起動してからの経過時間）に返す。配列変数 keyCode は 256 個の変数を含んでおり、それぞれが特定のキーに対応している。配列変数の番号がキーコードを表しており、そのキーが押されていれば変数に 1、押されていない場合は 0 を返す。例えば、a のキーコードは Windows の場合は 65 であるが（MacOS では 4）、a のキーが押されていれば keyCode(65) は 1、押されていなければ 0 となる。あるキーのキーコードを知るには下記の KbName() を実行すること。KbCheck() は関数が呼び出された瞬間のキーの状態をチェックするので、キーバッファは無視される。
種別：Psychtoolbox 関数
ページ：72、75、76、79、84、90、93、94、112、121、143、144、152

kbNameResult = KbName(str)
目的：指定したキーの番号（キーコード）を返す。
解説：ある特定のキーが押されているかを知るためにはキーコードを知る必要があるのだが、この関数は文字列 str で指定したキーのキーコードを変数 kbNameResult として返す。この関数を呼び出す前に、下記の KbName('UnifyKeyNames') を実行しておくとよい。
種別：Psychtoolbox 関数
ページ：71、74、78、84、89、110、141、144、149

KbName('UnifyKeyNames')
目的：異なる OS 間でも同じやり方でキーを指定できるようにする。
種別：Psychtoolbox 関数
ページ：71、74、78、84、89、110、141、147、149

L

b = length(a)
目的：配列変数の長さを返す。
解説：配列変数 a の次元のうち、もっとも大きな次元の長さ b を返す。例えば、3×4×5 の 3 次元の配列変数を受け取った場合、length() は 5 を返す。
種別：MATLAB 関数
ページ：137、139、141、150

ListenChar(listenFrag)
目的：キーボード入力の無視／受けつけを設定する。
解説：MATLAB がキーボード入力を受けつけるせいでプログラムがうまく動作しないことがある。そのような場合に、ListenChar(2) を実行すると、キーボード入力を無視するようになる。再びキーボード入力を受けつけるようにするには ListenChar(0) を実行する。キーボード入力を無視するように設定していても、KbCheck() を実行して押されているキーをチェックすることはできる。この関数を使う際に注意すべき点は、エラーが起きるなどしてプログラムが途中で停止した場合、キー入力を受けつけないので Psychtoolbox のウィンドウを閉じることができなくなってしまうことだ。こうした事態におちいったら、MATLAB を強制終了するしかない（Control+C で解決することもある）。
種別：Psychtoolbox 関数
ページ：162

load filename
目的：ファイルから変数を読み込む。
解説：文字列 filename で指定したファイルから変数を読み込む。load(filename) とも表記できるが、本書のプログラムでは構文のコマンド形式という英語に近い表記を用いている。
種別：MATLAB 関数

ページ：149、150、153

M

b = mod(a, m)
目的：割り算の余りを計算する。
解説：変数 a を変数 m で割った余り b を返す。mod は Modulo 演算の略らしい。
種別：MATLAB 関数
ページ：90、93

N

str = num2str(a)
目的：数値を文字列に変換する。
解説：変数 a を文字列 str に変換して返す。本書では、ファイル名（文字列）に参加者番号を入れる際に使用している。
種別：MATLAB 関数
ページ：140、149

P

currentFolder = pwd()
目的：現在のフォルダを表示する。
解説：現在のフォルダ名を文字列として返す。
種別：MATLAB 関数
ページ：21

R

r = randi(imax, n)
目的：ランダムな整数を含む配列変数を作成する。
解説：1 から imax までランダムな整数を格納する n 行 n 列の配列変数 r を返す。この関数を使用する場合、プログラムの初めに 1 回、rng('shuffle') を

実行しておくこと。
種別：MATLAB 関数
ページ：134、138、142、151

[x, y] = RectCenter(rect)
目的：四角形の中心座標を返す。
解説：四角形の頂点座標を含む配列変数 rect から、四角形の中心座標 [x, y] を返す。配列変数 rect は 4 行 n 列か n 行 4 列でなくてはならない。
種別：Psychtoolbox 関数
ページ：78、80、89、110、134、137、141、150

b = repmat(a, m, n)
目的：ある行列を繰り返して、より大きな行列を作成する。
解説：配列変数 a を行方向に m 回、列方向に n 回繰り返した配列変数 b を返す。repmat() の rep は repeat ではなく、replicate の略である。
種別：MATLAB 関数
ページ：58、61、134、137–139、141、142、148、150、151

rng('shuffle')
目的：時計から乱数のシード（種）を決定する。
解説：コンピュータは疑似乱数を発生させる際に、ある数値を必要とする。これがシードとか種とか呼ばれているのだが、シードが同じだと毎回同じ乱数が発生してしまう。こうした事態を避けるために、現在の時刻をもとにシードを決定するのが rng('shuffle') である。Shuffle() や rand()、randn() 等を使用する前に一度実行しておけば問題ない。ClockRandSeed() という Psychtoolbox 関数も同じ用途の関数であるが、この関数は古い乱数発生器を使用しているので、最新の MATLAB を使用しているなら、rng('shuffle') を使うべきである。
種別：MATLAB 関数
ページ：137、141、150

b = round(a)
目的：変数を最も近い整数に丸める（四捨五入する）。
解説：受け取った変数 a に最も近い整数 b を返す。第 2 パラメータで丸める桁数を指定することで、大きな桁や小数点以下で丸めることもできる。これについてはヘルプを参照すること。
種別：MATLAB 関数
ページ：72、76、79、91、113

S

save filename a
目的：変数をファイルに保存する。
解説：変数 a を文字列 filename のファイルに保存する。保存した変数は load() で読み込むことができる。save(filename, a) とも表記できるが、本書のプログラムでは構文のコマンド形式という英語に近い表記を用いている。
種別：MATLAB 関数
ページ：148

Screen('Close', texturePtr)
目的：Screen() を使用して作成したウィンドウやテクスチャなどを消去する。
解説：テクスチャポインタ texturePtr で指定したテクスチャを消去する。テクスチャポインタの代わりにウィンドウポインタ windowPtr を渡すと、そのウィンドウを閉じる。
種別：Psychtoolbox 関数
ページ：139、140、144、153

Screen('CloseAll')
目的：Screen() を使用して作成したウィンドウやテクスチャなどを全て消去する。
種別：Psychtoolbox 関数
ページ：49、51、53、56、58、72、80、88、91、114、135、139、144、148、

付録　関数一覧

Screen('DrawLine', windowPtr, color, fromH, fromV, toH, toV)
目的：ウィンドウに線を引く。
解説：ウィンドウポインタ windowPtr で指定したウィンドウ内の座標 (fromH, fromV) から (toH, toV) へ線を引く。線の色は RGB 値 color で設定する。
種別：Psychtoolbox 関数
ページ：53-55

Screen('DrawText', windowPtr, text)
目的：画面に文字を表示する。
解説：ウィンドウポインタ windowPtr で指定したウィンドウに、文字列 text を描く。
種別：Psychtoolbox 関数
ページ：78、79、82、86、90、91、111、113、124

Screen('DrawTexture', windowPtr, texturePtr)
目的：ウィンドウにテクスチャを描く。
解説：ウィンドウポインタ windowPtr で指定したウィンドウに、テクスチャポインタ texturePtr で指定したテクスチャを描く。ただし、この段階ではまだ画面に表示されておらず、表示するには Screen('Flip') を実行する必要がある。
種別：Psychtoolbox 関数
ページ：49、50、58、61、72、74、79、90、112、135、138、142、151

Screen('FillOval', windowPtr, color, rect)
目的：ウィンドウに円（塗りつぶし）を描く。
解説：ウィンドウポインタ windowPtr で指定したウィンドウに、四角形 rect に内接するように円を描く。色は RGB 値 color で設定する。
種別：Psychtoolbox 関数

ページ：57、79、85、111

Screen('FillPoly', windowPtr, color, pointList)
目的：ウィンドウに多角形（塗りつぶし）を描く。
解説：ウィンドウポインタ windowPtr で指定したウィンドウに、配列変数 pointList で指定した座標を頂点とする多角形を描く。pointList は n 行 2 列の配列変数で、各行において頂点の x 座標と y 座標を指定する。色は RGB 値 color で設定する。
種別：Psychtoolbox 関数
ページ：56

Screen('FillRect', windowPtr, color, rect)
目的：ウィンドウに四角形（塗りつぶし）を描く。
解説：ウィンドウポインタ windowPtr で指定したウィンドウに、四角形 rect を描く。色は RGB 値 color で設定する。
種別：Psychtoolbox 関数
ページ：56、57、79、85、86、90、112、113、138、142、147、151

Screen('Flip', windowPtr)
目的：ウィンドウポインタ windowPtr で指定したウィンドウを書き換える。
種別：Psychtoolbox 関数
ページ：49-51、53、55、58、61、64、72、74、79、83、85、86、89-91、111-113、124、135、138、142、147、151

Screen('FrameOval', windowPtr, color, rect)
目的：ウィンドウに円の枠を描く。
解説：ウィンドウポインタ windowPtr で指定したウィンドウに、四角形 rect に内接するように円を描く。線の色は RGM 値 color で設定する。
種別：Psychtoolbox 関数
ページ：57

付録　関数一覧

Screen('FramePoly', windowPtr, color, pointList)
目的：ウィンドウに多角形の枠を描く。
解説：ウィンドウポインタ windowPtr で指定したウィンドウに、配列変数 pointList で指定した座標を頂点とする多角形を描く。pointList は n 行 2 列の配列変数で、各行において頂点の x 座標と y 座標を指定する。線の色は RGB 値 color で設定する。
種別：Psychtoolbox 関数
ページ：56

Screen('FrameRect', windowPtr, color, rect)
目的：ウィンドウに四角形の枠を描く。
解説：ウィンドウポインタ windowPtr で指定したウィンドウに、四角形 rect を描く。線の色は RGB 値 color で設定する。
種別：Psychtoolbox 関数
ページ：53–57

imdata = Screen('GetImage', windowPtr)
目的：ウィンドウに表示されている画像を読み込む。
解説：ウィンドウポインタ windowPtr で指定したウィンドウから読み込まれた画像は配列変数 imdata に保存される。
種別：Psychtoolbox 関数
ページ：53、56、58、61

Screen('LoadNormalizedGammaTable', windowPtr, gct)
目的：ガンマ補正を行う。
解説：ウィンドウポインタ windowPtr で指定したウィンドウのために、配列変数 gct に基づいてガンマ補正を行う。配列変数 gct は 3 列 n 行で（通常 256 行）、1 列目が RGB の赤、2 列目が緑、3 列目が青に対応している。
種別：Psychtoolbox 関数
ページ：149、150、153

texturePtr = Screen('MakeTexture', windowPtr, imdata)
目的：ウィンドウに表示するテクスチャを作成する。
解説：ウィンドウポインタ windowPtr で指定したウィンドウのために、配列変数 imdata からテクスチャを作成し、テクスチャポインタを返す。
種別：Psychtoolbox 関数
ページ：48、50、58、61、72、78、89、92、111、121、134、137、138、141、142、150、151

windowPtr = Screen('OpenWindow', 0)
目的：画面全体に実験用のウィンドウを開く。
解説：画面全体に実験用のウィンドウを開き、ウィンドウポインタを返す。複数のディスプレイが接続されている場合、2つめのパラメータに 1 や 2 を渡すことで、ウィンドウを開くディスプレイを選択することができる。
種別：Psychtoolbox 関数
ページ：48-50、52、53、58、61、62、71、78、80、89、110、134、137、141、147、150

Screen('TextSize', windowPtr, textSize)
目的：画面に表示する文字のサイズを設定する。
解説：ウィンドウポインタ windowPtr で指定したウィンドウで表示する文字のサイズを textSize に設定する。文字サイズを設定する前の初期値はシステムによって異なる。
種別：Psychtoolbox 関数
ページ：78、82、89、110

y = Shuffle(x)
目的：配列変数をランダムに並べ替える。
解説：配列変数 x をランダムに並べ替え、配列変数 y として返す。変数 x が 2 次元の配列の場合には、列ごとに並び替えを行う。
種別：Psychtoolbox 関数

付録　関数一覧

ページ：137、139

ShowCursor()

目的：HideCursor() で消したマウスカーソルを再表示する。

種別：Psychtoolbox 関数

ページ：79、87、91、114、135、139、144、147、153

y = sin(x)

目的：角度 x ラジアンの正弦値 y を返す。

種別：MATLAB 関数

ページ：58、60、137、141、150

W

WaitSecs(s)

目的：s 秒間（小数点以下も可）だけ処理を止め、その後にプログラムの続きを実行する。

種別：Psychtoolbox 関数

ページ：49、53、56、58、79、84-87、91、111、113、135、138、139、142、144、151、153

引用文献

Brainard, D. H. (1997). The Psychophysics Toolbox, *Spatial Vision*, **10**, 443-446.
Kihara, K., Kawahara, J., and Takeda, Y. (2010). Usability of liquid crystal displays for research in the temporal characteristics of perception and attention. *Behavior Research Methods*, **42**, 1105-1113.
Kingdom, F. A. A., and Prins, N. (2009). *Psychophysics: A Practical Introduction*. Academic Press.
Pelli, D. G. (1997). The VideoToolbox software for visual psychophysics: Transforming numbers into movies. *Spatial Vision*, **10**, 437-442.
Rensink, R. A., O'Regan, J. K., and Clark, J. (1997). To see or not to see: the need for attention to perceive changes in scenes. *Psychological Science*, **8(5)**, 368-373.
Simons, D. J., and Levin, D.T. (1998). Failure to detect changes to people during a real-world interaction. *Psychonomic Bulletin & Review*, **5 (4)**, 644-649.

著者略歴

実吉綾子（さねよし あやこ）
1978年生まれ。上智大学大学院総合人間科学研究科心理学専攻にて、博士（心理学）（上智大学）を取得し、帝京大学文学部助教を経て、現在は帝京大学文学部准教授。著書に『フリーソフト「R」ではじめる 心理学統計入門』（技術評論社、2013）がある。専門は認知心理学、認知神経科学。

前原吾朗（まえはら ごろう）
千葉大学自然科学研究科で博士（学術）を取得し、ポスドク研究員として金沢大学、マギル大学、上智大学、東京大学で勤務した。その後、神奈川大学人間科学部に准教授として赴任し、現在に至る。心理学実験に基づいて視覚や触覚の仕組みを明らかにし、視覚障害者援助へと応用することを目指している。

はじめよう実験心理学
MATLABとPsychtoolboxを使って

2015年 8月20日　第1版第1刷発行
2016年10月20日　第1版第2刷発行

著　者　実　吉　綾　子
　　　　前　原　吾　朗

発行者　井　村　寿　人

発行所　株式会社　勁　草　書　房

112-0005 東京都文京区水道 2-1-1　振替 00150-2-175253
　　　　（編集）電話 03-3815-5277／FAX 03-3814-6968
　　　　（営業）電話 03-3814-6861／FAX 03-3814-6854
　　　　　　　大日本法令印刷・中永製本所

©SANEYOSHI Ayako, MAEHARA Goro　2015

ISBN978-4-326-25106-3　　Printed in Japan

JCOPY ＜(社)出版者著作権管理機構 委託出版物＞
本書の無断複写は著作権法上での例外を除き禁じられています。
複写される場合は、そのつど事前に、(社)出版者著作権管理機構
（電話 03-3513-6969、FAX 03-3513-6979、e-mail: info@jcopy.or.jp)
の許諾を得てください。

＊落丁本・乱丁本はお取替いたします。
　　　　　http://www.keisoshobo.co.jp

河原純一郎・坂上貴之編著
心理学の実験倫理
「被験者」実験の現状と展望   2700 円

岡本安晴
心理学データ分析と測定
データの見方と心の測り方   2800 円

子安増生編著
アカデミックナビ　心理学
  2700 円

熊田孝恒編著
商品開発のための心理学
  2500 円

横澤一彦
視覚科学
  3000 円

河原純一郎・横澤一彦
シリーズ統合的認知①　注意
選択と統合   3500 円

新美亮輔・上田彩子・横澤一彦
シリーズ統合的認知②　オブジェクト認知
統合された表象と理解   3500 円

H. ロス・C. プラグ／東山篤規訳
月の錯視
なぜ大きく見えるのか   3700 円

森島泰則
なぜ外国語を身につけるのは難しいのか
「バイリンガルを科学する」言語心理学   2500 円

J. デセティ・W. アイクス編著／岡田顕宏訳
共感の社会神経科学
  4200 円

―――――――――――――――――――勁草書房刊

＊表示価格は 2016 年 10 月現在。消費税は含まれておりません。